Hans-Arved Willberg
Vom Teufelskreis zum Engelskreis

Hans-Arved Willberg

VomTeufelskreis zum Engelskreis

Sozialkompetenz in der Partnerschaft

Innovative Spirit. Eine Buchreihe von M/TRAINING

Buchreihe Innovative Spirit von M/TRAINING, Bd. 1

Erweiterte und und gründlich überarbeitete Neuausgabe 2025
der ersten Ausgabe in der Reihe Lebenshilfen aus dem
Institut für Seelsorgeausbildung (ISA), Bd. 3, 2010

Fotos: Pixabay (gemeinfrei)

ISBN: 978-3-7693-0949-2

Der Autor:

Dr. phil. Hans-Arved Willberg ist Theologe, Philosoph und promovierter So-
zial- und Verhaltenswissenschaftler. Seit vielen Jahren arbeitet er als Prakti-
ker in Seelsorge, pychologischer Beratung, Coaching und Seelsorgeausbildung. Er hat die *Achtsamkeitsbasierte Kognitive Seelsorge und Therapie*
(AKST) entwickelt. Er ist Wissenschaftlicher Mitarbeiter am *Forschungsin-
stiitut für Spiritualität und Gesundheit* (FISG) und Partner von M/TRAINING.

KomBi - Verlag für Komptenz und Bildung von Life Consult
D-76275 Ettlingen, Pforzheimer Str. 128 B; E-Mail: info@life-consult.org;
Website: www.life-consult.org

Verlag: BoD · Books on Demand GmbH, In de Tarpen 42,
22848 Norderstedt, bod@bod.de
Druck: Libri Plureos GmbH, Friedensallee 273, 22763 Hamburg

Inhaltsverzeichnis

Vorwort zur Neuausgabe

> *„Es gibt keinen emotionalen Konflikt zwischen uns, den wir nicht auf vernünftige partnerschaftliche Weise so klären können, dass wir uns wieder verstehen und mögen."*

Verschiedene Rückmeldungen haben mir gezeigt, dass eine Neuausgabe dieses Ratgebers wünschenswert geworden ist, weil er bei denen, die ihn kennen, viel Zuspruch findet.

Besonders ermutigt dazu hat mich Wolfgang Beck, der die Beratungspraxis *Living Water - ganzheitliche Seelsorge* führt und in der Seelsorgeausbildung tätig (www.livingwater-seelsorge.de). Dem Wunsch komme ich hiermit gern nach, nicht nur, weil mich das freut, sondern besonders auch, weil mir die Inhalte dieses Buchs sehr am Herzen liegen. Vor allem hat das einen persönlichen Grund.

Ich bin geschieden und wieder verheiratet. Die erste Ehe ging in die Brüche, weil wir beide in einen kommunikativen Teufelskreis gerieten, aus dem wir nicht mehr herauskamen. Wenn sich solche Teufelskreise immer weiter drehen und keine überzeugende Hoffnung in Sicht kommt, sie zu überwinden, werden sie zur Spirale, die beide Partner abwärts zieht. Die Enttäuschungen häufen sich, die Reizbarkeit wird größer und die Anfälligkeit dafür, die Beziehung aufzugeben, steigt. Dann braucht es nur noch einen unglücklichen Anlass und der seidene Faden, der die Partner noch zusammenhält, reißt.

Petra, meine zweite Frau, ist auch geschieden. Wir sind ein gutes Team: Wir tolerieren, akzeptieren und ergänzen uns. Das ist kein Glücksfall, weil wir besser zueinander passen als zu unseren Ex-Partnern, sondern es liegt daran, dass wir es nicht mehr zulassen, in Teufelskreise zu geraten. Wir haben beide aus unseren Fehlern gelernt und darum ist unsere Partnerschaft nun schon seit vielen Jahren stabil.

Wir haben beide wunde Punkte, Eigenarten und Schwächen, die unsere Geduld herausfordern, wir missverstehen uns und verhalten uns auch auf missverständliche und unachtsame Weise. Dann sind wir enttäuscht und sehr geneigt, den schlimmen Fantasien zu glauben, die wir uns voneinander machen. Das ist genauso wie in unseren ersten Ehen, und wenn wir nicht aufpassen würden, wäre daraus schon längst eine ganz ähnliche Teufelskreisdynamik entstanden. Es ist aber nicht so gekommen weil wir etwas entscheidend Wichtiges verstanden haben: *Es gibt keinen emotionalen Konflikt zwischen uns, den wir nicht auf vernünftige partnerschaftliche Weise so klären können, dass wir uns wieder verstehen und mögen.*

Man muss nur glauben, *dass* es geht, und wissen, *wie* es geht. Es geht viel leichter, als man denkt. Man muss es nur tun.

Wie es geht, zeigt Ihnen dieses Buch.

Hans-Arved Willberg

Mit diesem didaktisch sehr eingängigen, anschaulichen und praxisnahen Buch haben Sie Zugang zum Nektar der Sozialkompetenz in Partnerschaften. Es geht darin um die Stärkung und Erhöhung der Problemlösekompetenz sowie der emotionalen Intelligenz. Das Buch eignet sich auch zur Anwendung in anderen Bereichen der zwischenmenschlichen Begegnung, wo es ebenfalls auf verständigungsorientierte Gesprächsführung ankommt.

Dieses Buch zeigt schnörkellos, wie das Einüben ganz praktisch gelingt. Ja, es geht wirklich und es geht leichter, als Sie denken. Im Lauf der Zeit entsteht ein Gefühl von stabilem Vertrauen in der Beziehung. Beide Partner erleben, wie ihr Selbstvertrauen wächst, aber auch ihre Kompromissbereitschaft.

Erik Lehmann
M/Training

Die Goldene Regel

Daniela hat den Eindruck, dass Karl zu wenig von seinen Gefühlen erzählt und zu wenig Verständnis für das aufbringt, was sie beschäftigt. Darum redet sie viel auf ihn ein und macht ihm Vorhaltungen. Karl hat den Eindruck, dass Daniela ihm keine Ruhe lässt und dauernd etwas an ihm auszusetzen hat. Darum zieht er sich zurück. Das bestätigt Daniela in ihrer Meinung. Sie redet noch mehr auf ihn ein und wird noch kritischer. Das bestätigt wiederum Karl in seiner Meinung. Er zieht sich noch mehr zurück. Sie sind in einen Teufelskreis geraten. Der Kreis bewegt sich, er formt sich abwärts zur Spirale aus, zum Strudel. Es ist weder zu erkennen noch wichtig, wer hier Opfer und wer Täter ist. Beide sorgen dafür, dass sich der zerstörerische Kreislauf fortsetzt und beide haben die reale Möglichkeit, ihn zu beenden, unabhängig vom andern. Denn Teufelskreise in Partnerschaften funktionieren nur, wenn beide sie aufrechterhalten.

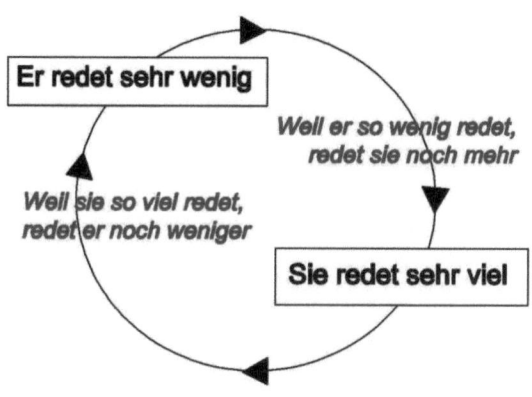

Abbildung 01: Ein häufiger Teufelskreis

„Teufelskreise in Partnerschaften funktionieren nur, wenn beide sie aufrechterhalten."

Vornehm ausgedrückt nennt man den Teufelskreis „Circulus vitiosus". „Vitiosus" heißt „fehlerhaft" oder „lasterhaft". Fehlerhaft passt gut, weil Teufelskreise durch Denkfehler entstehen. Leider kennt unsere Sprache aber keine „Engelskreise", obwohl es sie gibt! Wahrscheinlich liegt es daran, dass uns die ansteckende Macht des Bösen nur allzu vertraut ist, während die ansteckende Macht des Guten nur dort erlebt wird, wo jemand damit begonnen hat, gegen den Strom des allgemein üblichen Verhaltens zu waten. Weil es keinen Begriff für das Gegenteil des Circulus vitiosus gibt, könnten wir versuchen, selbst einen zu bilden. Warum nicht Circulus salutaris? Lateinisch „salutaris" bedeutet „heilsam, zuträglich, vorteilhaft", aber auch „gnadenreich, erlösungsbringend"; Jesus ist der „homo salutaris", der Retter und Heiland; „Salus" ist „Gesundheit" und „Wohlbefinden".

Weil wir schon bei Jesus sind: Er hat im letzten Teil der Bergpredigt (Matthäus 7) eine Formel für den Engelskreis geprägt. Es ist die berühmte „Goldene Regel": „Alles nun, was ihr wollt, dass euch die Leute tun sollen, das tut ihnen auch!" Im nächsten Satz sagt er: „Die Pforte ist eng und der Weg ist schmal, der zum Leben führt, und wenige sind's, die ihn finden." Das heißt: Leider sind es nur wenige, von denen die Goldene Regel tatsächlich umgesetzt wird. Teufelskreise in Engelskreise zu verwandeln ist nicht jedermanns Sache. Aber „weit ist die Pforte und breit der Weg, der ins Verderben führt": Teufelskreise sind Selbstläufer. Wer seinen destruktiven Impulsen nicht sehr aktiv widersteht, gerät hinein. Die Gegenbewegung, der Engelskreis, kommt nicht automatisch zustande. Dazu brauchen wir Geduld und Disziplin.

> **„Alles nun, was ihr wollte, dass euch die Leute tun sollen, das tut ihnen auch." Die Goldene Regel**

Und weil wir schon bei der Bergpredigt sind: „Liebt eure Feinde", hat Jesus im ersten Teil gerufen (Matthäus 5). Feinde, das sind nicht nur die Menschen, die uns absichtlich Böses zufügen wollen. Es sind auch die Menschen, die wir zu Feinden erklären, weil wir ihr Verhalten so bewerten, ob zu Recht oder zu Unrecht, als *wären* sie unsere Feinde. Wer sich in einem Teufelskreis der Paarbeziehung befindet, sieht die Partnerin oder den Partner, der mit ihm hinein geraten ist, sehr leicht und sehr oft als Feind an. In den Momenten des Gekränktseins und Empörtseins denken wir extrem negativ übereinander.

Beide finden den andern gemein, beide geben sich gegenseitig die Schuld. Jesus erklärt in seinen Worten über die Feindesliebe, wie der Teufelskreis durchbrochen wird: „Wenn dich jemand auf deine rechte Wange schlägt, dem biete auch die andere dar." Warum? Weil du wahrscheinlich sonst weiter am Teufelsrad drehst. Aus der Kränkung heraus zurückschlagen muss nur, wer seine Selbstsicherheit verliert. Wenn du aber aufrecht, selbstbewusst und selbstsicher stehen bleibst, hast du es nicht nötig, auch so wie dein Gegenüber die Fassung zu verlieren und aggressiv zu werden. Wer sich von seiner aggressiven Emotion treiben lässt und zurückschlägt (auf welche Weise auch immer), zeigt Schwäche, indem er sich stark aufführt. Wer aber stehen bleibt, ohne sich provozieren zu lassen, und den andern lediglich auf das Problem aufmerksam macht, zeigt in der Schwäche Stärke. Der Teufelskreis ist unterbrochen; er funktioniert nicht mehr.

Im 7. Kapitel bei Matthäus greift Jesus diesen Faden wieder auf, indem er sagt: „Richtet nicht, damit ihr nicht gerichtet werdet." Wir sollen nicht an den Fehlern des anderen herumnörgeln, sondern stattdessen darauf achtgeben, selbst mit der Situation zurechtzukommen. Nur der lässt sich provozieren, der in sich selbst einen heimlichen Bundesgenossen der Provokation wohnen hat, einen Resonanzboden, durch den er sie aufnimmt und als eigene Aggression zurücksendet. Nur wer sich seiner selbst nicht sicher ist, verliert die Selbstsicherheit, nur wer die Kränkung bereits in sich trägt, lässt sich kränken. Was geht in *mir* vor, wenn ich auf meinen Partner so heftig reagiere, so beleidigt, so wütend, so enttäuscht? *Das* sollen wir uns fragen. Was sagt es über *mich*? Welcher Schwachpunkt ist da in *mir* berührt? Und wie kann ich genau an *dieser* Stelle selbstbewusst und stark werden?

> **„Was geht in MIR vor, wenn ich auf meine Partnerin so heftig reagiere? Was sagt es über MICH?"**

Ein *circulus salutaris* entsteht, wenn ein Mensch die Goldene Regel anwendet: „Was du willst, dass dir die andern tun sollen, das tue du ihnen." Das bedeutet:

➔ Warte nicht auf den ersten Schritt, sondern gehe ihn selbst.
➔ Gib nicht auf, wenn deine Partnerin oder dein Partner nicht so reagiert, wie du es dir wünschst.

→ Überlege dir, „was du willst, dass dir die andern tun sollen." Wenn du deine eigenen Bedürfnisse und Rechte nicht weißt und annimmst, kannst du auch die Rechte und Bedürfnisse deines Partners nicht wirklich wissen und wertschätzen.

→ Bedenke, dass dein Partner ganz anders ist als du. Übertrage darum nicht einfach deine eigenen Wünsche und Bedürfnisse auf sie oder ihn. Wenn sie das *dir* gegenüber tut, hast *du* es auch nicht gern. Wenn du darum sie oder ihn so behandeln willst, wie du selber behandelt werden möchtest, musst du wissen, womit du ihr *wirklich* einen Dienst erweist.

Im Therapeutenmanual des hervorragenden kognitiv-verhaltenstherapeutischen Partnerschaftstrainings von Schindler, Hahlweg und Revenstorf ist zu lesen: „Den Prozeß der positiven Reziprozität wieder in Gang zu setzen ist [...] das zentrale Anliegen der Behandlung" (Schindler, Hahlweg & Revenstorff, 1998, S.177). So wissenschaftlich trocken das auch klingt - damit ist wirklich das A und O der Paarberatung auf den Punkt gebracht. „Reziprozität" heißt Wechselseitigkeit. Das ist ein Begriff aus der Mathematik für Werte, die sich gegenseitig aufschaukeln: Wenn der eine höher wird, dann auch der andere. „Engelskreise" funktionieren genauso wie Teufelskreise: Reziprok. Sie bewirken das Gegenteil der Teufelskreise, indem sie nicht zur Feindschaft, sondern zur Freundschaft provozieren. Einseitige beziehungsförderliche Investitionen (Höflichkeit, Zurückhaltung, um Entschuldigung bitten, Verzeihen, Aufmerksamkeit, eine kleine Freude machen, Zärtlichkeit, Komplimente, mitgeteilte Dankbarkeit, konstruktive Ehrlichkeit, Zuhören usw.) lohnen sich in der Regel, da sie den Partner nicht unbeeinflusst lassen. Sie infizieren ihn sozusagen: Auch er kommt aus der negativen Haltung allmählich heraus. Einer wirklich *freund*-lichen Haltung kann man sich auf die Dauer nur schwer entziehen.

Sie können das mit einem einfachen Experiment ausprobieren: Laden Sie eine Person aus Ihrer Bekanntschaft ein, Ihnen irgendetwas zu erzählen, das für sie wichtig ist. Hören Sie ihr aufmerksam und aktiv zu: Halten Sie Blickkontakt, geben Sie zu verstehen, dass ihre Aussage bei Ihnen angekommen ist, äußern Sie Ihr Mitempfinden. Dann lassen Sie die Person weitererzählen, verändern dabei aber Ihr Verhalten: Sie schauen auf die Uhr, blicken träumend aus dem Fenster und geben irgendeinen dummen oder besserwisserischen Kommentar, der gar nicht zu dem passt, was sie sagte... Aber brechen Sie bald ab, denn sonst wird es sadistisch! Warum? Weil Sie gar nicht anders *können*, als auf Ihr Gegenüber Einfluss zu nehmen, und weil sich dieses nicht *nicht*-beeinflussen lassen kann! Wenn Sie sich danach darüber austauschen, wird Ihre Übungspartnerin ungefähr sagen: „Als du so aufmerksam zugehört hast, fühlte ich mich wohl und war ermutigt, noch mehr zu erzählen, aber als du dich dann so komisch verhalten hast, war ich irritiert und ich habe mich sogar etwas geärgert."

Die Goldene Regel meint positive einseitige Einflussnahme. Wenn wir der andern Person das geben, was wir uns selbst von ihr wünschen, schaffen wir die besten Voraussetzungen dafür, dass sie es uns *auch* geben wird. Was ist es denn, „was wir wollen, dass uns die Leute tun sollen"? Wir wollen nicht pauschal und im Voraus beurteilt werden. Wir wollen nicht die Angeklagten sein und den Partner als Richter erleben. Wir wollen, dass man achtungsvoll mit uns umgeht. Wir wollen nicht angegriffen werden. Und wir wollen vor allem von unserem Gegenüber erst einmal *verstanden* werden.

„Einer wirklich FREUND-lichen Haltung kann man sich auf die Dauer nur schwer entziehen."

Das Kernproblem sind die Missverständnisse

Der Hauptgrund für Teufelskreise in Paarbeziehungen sind tatsächlich schlicht und einfach Missverständnisse (Beck, 1989). Oft führen sie zu Kettenreaktionen, die nicht mehr aufhaltbar zu sein scheinen. Wir neigen dazu, aus enttäuschten Erwartungen zu folgern, dass der Partner oder die Partnerin es nicht gut mit uns meint. Dadurch entsteht Misstrauen, das die Beziehung destabilisiert. Besonders schwierig kann es werden, wenn sich das Gefühl, nicht geliebt zu werden, mit der eigenen Selbstabwertung vermischt. Ein Irrweg negativen Denkens entsteht, dessen interne Logik ungefähr so lautet:

„Ich werde nicht geliebt, weil ich nicht liebenswert bin. Wenn ich nicht liebenswert bin, dann hat es auch keinen Sinn für mich, wenn ich zu lieben versuche. Denn ein liebensunwerter Mensch ist auch nicht fähig zur Liebe. Wenn mein Partner mich lieben würde, könnte ich auch liebesfähig werden. Er liebt mich aber nicht, was ja auch verständlich ist, da ich nicht liebenswert bin."

Wer sich und seine Partnerschaft so oder ähnlich beurteilt, muss entweder in Depression versinken, aus der Beziehung fliehen oder aggressiv um sein „Überleben" kämpfen.

Das Problem der Misserverständnisse liegt darin, dass wir andauernd das Reden und Verhalten des anderen interpretieren, ohne wirklich sicher zu sein, dass sie oder er es auch wirklich so *meinte*. Das überaus häufige Rückschließen aus dem Benehmen des Partners auf seine inneren Beweggründe nennt der Verhaltensforscher Aaron T. Beck „Gedankenlesen" und gibt zu bedenken, dass dies immer eine gefährliche Sache ist, weil es in Wirklichkeit niemand kann (ebd., S.16ff).

Das Gedankenlesen hat zwei problematische Seiten:

1. Wir tun es selbst und werden dadurch der anderen Person in vieler Hinsicht nicht gerecht. Besonders schwierig sind die festlegenden Verallgemeinerungen, wie zum Beispiel: „Sie macht ein griesgrämiges Gesicht, also ist sie natürlich schon wieder 'tödlich' wegen irgendeiner Kleinigkeit beleidigt, die ich gesagt habe - das ist ja bei ihr immer so." Aber vielleicht beschäftigt sie gerade etwas völlig anderes und ihr Gesicht sieht nur zufällig so aus, als wäre sie sauer?
2. Wir erwarten vom Partner, dass er von selbst darauf kommt, was wir uns wünschen, und sehen das als den Testfall für die Echtheit seiner Liebe an. Einer der wirksamsten Kommunika-

tionskiller in der Partnerschaft lautet aber: „Wenn ich es dir erst sagen muss, wirst du es nicht aus Liebe tun und darum wird es keinen Wert haben", oder, mit etwas anderem Akzent: „Du machst es ja nur, weil ich es gesagt habe."

Übung 1

Daniela und Karl sitzen zu Tisch. Heute hat Daniela gekocht.
Karl fragt: „Was ist das denn für ein Gewürz in der Suppe?"
Daniela antwortet: „Wenn es dir nicht schmeckt, kannst du gern woanders essen."
Diskutieren Sie folgende Fragen:

▸ Welche Gründe mag Daniela dafür haben, so zu antworten?
▸ Aus welchen Gründen mag Karl das gefragt haben?
▸ Welche selbstabwertenden Gedanken könnten Daniela zu dieser Antwort bewegen? Wie könnte sie auf diese Gedanken gekommen sein?
▸ Könnten Sie sich eine günstigere Reaktion von Daniela vorstellen? Wie könnte dann ihre Antwort lauten?
▸ Wie wird Karl wohl auf Danielas „patzige" Antwort reagieren? Wie kann er konstruktiv damit umgehen?

Verstehen statt Missverstehen!

Kommunikation gelingt unter zwei Voraussetzungen:

- Ich mache mich verständlich.
- Ich verstehe.

Das Verfängliche daran ist, dass es so einfach klingt, fast wie: „Man muss durch die Tür gehen, um ins Zimmer zu kommen." Es ist lästig, so etwas gesagt zu bekommen. Das weiß man doch! Natürlich. Und doch ist es sehr merkwürdig: So simpel uns das erscheint, so selten handeln wir danach. Unendlich oft reden und denken wir völlig aneinander vorbei. Sehr oft bilden wir uns nur ein, uns verständlich ausgedrückt und den anderen verstanden zu haben. In Wirklichkeit sind wir meilenweit davon entfernt.

Daniela bemüht sich um eine gute Partnerschaft. Darum beendet sie nach einer Viertelstunde das bedrückte Schweigen und erzählt Karl ganz offen und ehrlich, wie sehr er sie durch seine „lieblose Bemerkung" über das Gewürz in der Suppe verletzt habe. Karl fühlt sich, nicht ohne Grund, massiv angegriffen und hat darum erhebliche Schwierigkeiten, Daniela zuzuhören. Warum „lieblose Bemerkung?" Ganz im Gegenteil: Er hat es doch gut gemeint - er wollte doch einfach nur Interesse äußern! Daniela möchte von Karl verstanden werden. Darum fragt sie am Ende ihrer ziemlich ausführlichen Rede: „Verstehst du, was ich meine?" „Ja", sagt Karl und denkt dabei: „Immer hackt sie nur auf mir herum." Er ist wütend, aber er versucht, es sich nicht anmerken zu lassen. Sie mühen sich redlich, aber ohne Erfolg. Sie schaffen es nicht, den Konflikt zu lösen.

Ein Satz wie „Verstehst du, was ich meine?" sagt genau so viel über die tatsächliche Verständigung wie „Ich verstehe", nämlich nichts. Daniela hätte besser anders gefragt, direkter, klarer: „Ich bin nicht sicher, ob ich mich deutlich genug ausgedrückt habe. Kannst Du bitte in eigenen Worten sagen, was bei dir angekommen ist?" Karl hätte dann mitteilen können, *was* er verstanden hat. Und danach hätte er fragen können: „War es das? Habe ich dich *richtig* verstanden?"

Außerdem hätte sie besser sorgfältig zwischen ihrer *Interpretation* seiner Frage und der Frage selbst unterschieden. Sie „lieblos" zu nennen, ist Interpretation. Natürlich fühlt sich Karl damit überhaupt nicht verstanden.

Nichts stresst mehr als ungeklärte zwischenmenschliche Konflikte und nichts entlastet mehr als die gute Atmosphäre im Miteinander. Sie mag zufällig zustande kommen, aber sie wird nicht zufällig aufrechterhalten. Denn je näher man sich kennt und je mehr man miteinander zu tun hat, desto häufiger missversteht man sich. Aus den Missverständnissen resultieren die Verletzungen und die Vorbehalte gegeneinander. Und schon ist Sand im Getriebe der Beziehung. Ein paar Sandkörnchen scheinen kaum der Rede wert zu sein. Aber wenn sie nicht mit feinem Pinsel sorgfältig herausgewischt werden, beginnen sie die Partnerschaft zu zermürben. Irgendetwas stimmt nicht. Es läuft nicht mehr rund. Es knirscht im Getriebe. Frust hat sich eingeschlichen. Und wenn wir das eine Missverständnis nicht sorgfältig klären, weil wir es verharmlosen, dann werden wir es wahrscheinlich auch beim nächsten nicht tun. Dadurch gerät noch mehr Sand hinein. Irgendwann geht die Beziehung daran kaputt. Wir wundern uns: Es ist doch gar nichts Dramatisches passiert!

Darf ich noch etwas aus der Bibel zitieren? Im Epheserbrief steht: „Seht sorgfältig darauf, wie ihr euer Leben führt, nicht als Unweise, sondern als Weise". Im griechischen Grundtext des Neuen Testaments steht für „sorgfältig" „akribos". Daher kommt unser Fremdwort „akribisch". Gemeint ist also: „Achtet mit akribisch genauer Sorgfalt darauf, wie ihr euer Leben führt". Es geht weder um Pedanterie noch um die Tyrannei der Angst vor Fehlern. Sondern es geht um *Achtsamkeit* dort, wo sie *nötig* ist. Wer am Strand campiert, kann es gut vertragen, wenn etwas Sand ins Zelt gerät. Aber nicht in die Tupperschüssel mit dem Salat! Das Zähneknirschen wird die Stimmung verderben. Ich beziehe diesen Rat vor allem auf die Kommunikation, wofür auch der Kontext dieses Satzes spricht. Partnerschaftliche Kommunikation gelingt nicht ohne Sorgfalt. Die Qualität der Paarbeziehung hängt von der Qualität der Kommunikation zwischen den Partnern ab.

→ Nur wenn ich sorgfältig mitteile, was ich empfinde, denke, fantasiere und wünsche, kann ich gewährleisten, dass es mein Gegenüber auch so *verstehen* kann, wie ich es gemeint habe.

→ Nur wenn ich sorgfältig kläre, ob das, was bei mir angekommen ist, auch dem entspricht, was abgesandt wurde, kann ich gewährleisten, das Gegenüber wirklich so zu verstehen, dass es sich auch verstanden *fühlt*.

→ Nur wenn ich sorgfältig Missverständnisse kläre, kann ich gewährleisten, dass nicht aus dem einen Missverständnis wie in einer Kettenreaktion das nächste hervorgeht und dadurch die Vertrauensbeziehung allmählich zerstört wird.

Nicht nur bei der „Stillen Post" ist es so, wo die Erste der Nachbarin einen Satz ins Ohr flüstert und so weiter, bis bei der Letzten etwas ganz anderes herauskommt, sondern auch im wirklichen Leben: Die meisten Beziehungsprobleme kommen dadurch zustande, dass Gesprächspartner A nur *meint*, sich verständlich gemacht zu haben, und Gesprächspartner B ebenfalls nur *meint*, verstanden zu haben. In Wirklichkeit haben beide aneinander vorbei gedacht und geredet. Die Wurzeln zwischenmenschlicher Konflikte überhaupt liegen vor allem in den Missverständnissen. Und die Überwindung der meisten zwischenmenschlichen Konflikte geschieht, indem Missverständnisse durch Verständigung geklärt werden.

Das ist gar keine Frage des guten oder bösen Willens. Es ist ein weit verbreiteter Irrtum, dass der gute Wille ausreicht, um eine gute Beziehung herzustellen. Wer wirklich und ernsthaft nach Verständigung trachtet, konzentriert sich nicht auf seine gute Absicht, sondern auf die gute Wirkung (Abbildung 02). Der Satz „Ich habe es doch nur gut gemeint" rechtfertigt nichts. Er lässt eher auf meine Egozentrik zurückschließen als auf meine moralische Qualität. Sehr viel misslingende Kommunikation entstammt der Arroganz: „Selbstverständlich drücke ich mich immer klar und konstruktiv aus, wenn das bei dir nicht so ankommt, bist du natürlich selbst schuld." Das ist die Perspektive des Hochmuts. Die Perspektive der Demut fragt umgekehrt: „Wie kann ich mich so ausdrücken, dass du es in deiner eigenen Gedankenwelt verstehst, akzeptieren kannst und dass es dir hilft?"

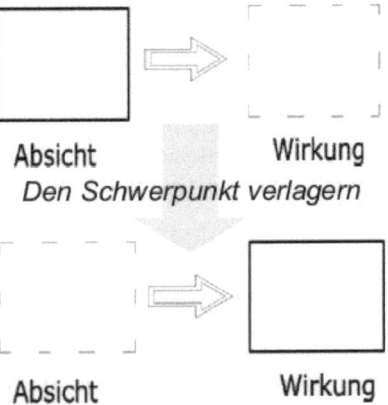

Abbildung 02: Auf die Absicht kommt es
weniger an als auf die Wirkung

Gerade der (besonders) gute Wille ist besonders störungsanfällig. Wenn die Kommunikation trotz des besonders guten Willens daneben geht, sind wir doppelt gekränkt. „Wie kann sie mich so missverstehen! Dass *sie* das von mir denkt - das hätte ich nicht gedacht." Wir sind erschüttert und tief enttäuscht.

Allerdings kann es auch gut sein, dass man durchaus verständlich kommuniziert und trotzdem nicht verstanden wird. Vielleicht geschieht das genauso häufig. In diesen Fällen ist es wichtig, dass wir unsere Selbstsicherheit wahren oder wiederfinden, indem wir uns ohne Rechthaberei sachlich klar machen, auf welcher Seite der Verständigungsfehler liegt. Das ändert aber nichts an der Tatsache, dass es auch in solchen Fällen vor allem an uns selbst liegt, uns um die Lösung des Problems zu bemühen, vorausgesetzt, dass unser Gegenüber die ernsthafte Bereitschaft zeigt, darauf einzugehen. Erzwingen lässt sich Verständigung nie.

„Die Überwindung der meisten zwischenmenschlichen Konflikte geschieht, indem Missverständnisse durch Verständigung geklärt werden."

Vorurteile und Selbstabwertungen

Ich denke, dass die Missverständnisse in Partnerschaften vier Wurzeln haben:

- Fantasien
- Unklare Mitteilungen
- Vorurteile
- Selbstabwertung

Unsere Fantasien von dem, was der andere über uns denkt und warum er sich darum so „unmöglich" verhält, können wir korrigieren, wenn wir sorgfältig kommunizieren: „Ich ärgere mich, weil ich fantasiere, dass du mit deiner Frage nach dem Gewürz in der Suppe meine Kochkünste schlecht machen wolltest", könnte Daniela Karl erklären und dann fragen: „Wie ist das aus deiner Sicht? Ich möchte gern verstehen, wie du es wirklich gemeint hast." Falls tatsächlich ein Missverständnis vorliegt, lässt es sich nur bereinigen, wenn Karl von Daniela die vollständige Information erhält, wie sie seine Äußerung interpretiert hat. Er kann zum Beispiel feststellen, dass seine Mitteilung tatsächlich nicht klar genug war, und die Gelegenheit ergreifen, sie zu präzisieren: „Nein, so habe ich das überhaupt nicht gemeint, ganz im Gegenteil! Es hat mir sehr gut geschmeckt und ich wollte dir eigentlich ein Kompliment damit machen."

Problematischer sind die beiden andern Wurzeln: Hartnäckige Vorurteile und massive Selbstabwertungen können den Prozess der Verständigung erfolgreich verhindern und sabotieren. Zwei Beispiele aus der Paarberatung mögen es illustrieren.

Fallbeispiel 01: Hartnäckige Vorurteile

Frau A. hatte vor Jahren eine schwere psychische Erkrankung durchlitten. Damals war sie nicht mehr in der Lage, die Wirklichkeit von ihren angstvollen Fantasien zu unterscheiden. Ihr hoch korrekter Mann, der sich für einen besonders nüchternen Realisten hält und es darum hasst, wenn nicht alles exakt richtig ist, was einer sagt, hatte dafür kein Verständnis. Er unterstellte ihr, sie würde lügen. Dabei ist es geblieben. Sie kann sagen, was sie will: Er nimmt sie nicht ernst. Und wenn er dann tatsächlich etwas an ihren Aussagen findet, das seiner Wahrnehmung nicht entspricht oder was sie sich sogar tatsächlich nur einbildet, sieht er es als Beweis seiner Behauptung an, dass sie „spinnt". Dieses tiefe Misstrauen blockiert den Beratungsprozess. Herr A. hat sich in sein Vorurteil verbissen und lässt nicht davon ab. Eines Tages geht er eine neue Beziehung ein. Es kommt zur Scheidung. Er sieht

---

sich als Opfer seiner Frau und redet entsprechend über sie: Man kön-
ne ihr nichts glauben, sie wäre krank im Kopf und würde nur Lügenge-
schichten erzählen. Einige „Freunde" wenden sich von ihr ab. Nicht zu
Unrecht fühlt sie sich gemobbt.

Wer sich auf *Vorurteile* versteift, hält starr an einem bestimmten Bild fest, das er vom andern hat. Erst wenn dieser die gestell-
ten Bedingungen erfüllt, soll er akzeptabel sein. Das Vorurteil
sagt: Ich kann dir so, wie du bist, nicht trauen. Du passt mir erst,
wenn du dich meinen Vorstellungen völlig *an*gepasst hast. Die
Herrschaft des Vorurteils ist die Herrschaft des Misstrauens: Ich
muss dich vollständig kontrollieren, sonst könnte ja etwas passieren, was mir gegen den Strich geht.

Fallbeispiel 02: Hartnäckige Selbstabwertung

Wenn ihm seine Frau etwas mitteilt, was sie ärgert, traurig macht oder
ängstet, reagiert der chronisch depressive Herr B. stets mit selbstabwertenden Gedanken. Seine Frau kommuniziert vorbildlich: Sie teilt
ihm das Problem als ihr eigenes mit, als reine Information, ohne Vorwurf. Sie versucht, sich ganz einfach nur verständlich zu machen und
wünscht sich von ihm nicht mehr, als verstanden zu werden. Aber Herr
B. macht mit großer Beharrlichkeit einen *Selbst*vorwurf daraus: „Ich bin
schuld, dass sie dieses Problem hat", denkt er, „und darum bin ich
überhaupt schuldig und ein sehr schlimmer Versager." Und indem er
es denkt, resigniert er. „Ich weiß schon, ich bin an allem schuld", sagt
er zu sich selbst, aber zu seiner Frau sagt er nichts, weil er denkt, dass
es sowieso keinen Zweck hat. Zudem spricht sich Herr B. selbst das
Recht ab, eigene Bedürfnisse zu haben. Darum vertritt er seiner Frau
gegenüber auch keinen eigenen Standpunkt. Aus diesen beiden Gründen schweigt Herr B. meist und wirkt dabei sehr bedrückt. Er fühlt sich
sehr unverstanden, denn er gibt seiner Frau nicht die *Gelegenheit*, ihn
zu verstehen. Stets entkräftet er seine eigenen Bedürfnisse, Meinun-
gen, Wünsche und Kritikpunkte schon im Voraus: „Ach, auf mich
kommt es ja doch nicht an. Und ich bin ja doch an allem schuld."

Schmerzliche Missverständnisse gibt es in jeder Partnerschaft.
Das allein gibt schon genug zur beständigen Beziehungsarbeit auf.
Wenn sich mit den Missverständnissen aber auch noch katastro-
phisierende Selbstabwertung verbindet, kann diese Arbeit be-
trächtlich zusätzlich erschwert werden. Richtig problematisch
wird der attackierte Selbstwert erst, wenn das eigene Selbstwertgefühl besonders schwach ist. Dieser Mensch neigt dann nämlich
dazu, schon eine geringe Kritik (beziehungsweise das, was er so
interpretiert!) als Hinterfragung seiner ganzen Persönlichkeit auf-
zufassen. Die Belagerer einer Burg kamen leicht zum Ziel, wenn

sie heimliche Verbündete im Inneren hatten, die ihnen ein Hintertürchen öffneten. Die eigentliche Gefahr bei Abwertungen, die von außen an uns herangetragen werden, liegt in unserem Inneren. Das eigentliche Problem ist die *Selbst*abwertung. Wenn sich die Selbstabwertung mit der Kritik von außen verbindet und ihr die Tür öffnet, wird das immer als ein Totalangriff auf die ganze Person erlebt. Es scheint um die Existenz zu gehen. Entsprechend stark ist das alarmierende Gefühl: Unser Gehirn stellt sich auf Totalverteidigung ein! Wir schießen sozusagen „aus allen Rohren", um zu retten, was zu retten ist. Der mäßigende Einfluss der Vernunft scheint nur noch zu stören. Wir verlieren die Kontrolle. Nur noch ein einziger Gedanken führt das Kommando: „Ich muss mich wehren auf Leben und Tod!" Das kann durch Aggression geschehen, aber auch durch Davonlaufen oder depressive Verbarrikadierung.

Die echte, vourteilsfreie Akzeptanz des Mitmenschen ist nicht ohne echte Selbstakzeptanz zu haben. Wer sich selbst ablehnt, akzeptiert auch den Mitmenschen nur unter Bedingungen. Selbstakzeptanz steht und fällt mit der Bereitschaft, die selbstmitleidige Opferrolle aufzugeben, die Vergangenheit zu nehmen, wie sie ist und konsequent hier und heute die Verantwortung für das eigene Tun und Lassen zu übernehmen, alle Fehler eingeschlossen.

Ich nehme an, dass Vorurteile und Selbstabwertungen die gefährlichsten U-Boote sind, aus denen das Schiff der Kommunikation in der Partnerschaft so schwer torpediert werden kann, dass es sinkt. In meiner Paarberatungspraxis sind das die Abbrecher oder zumindest die Klienten, bei denen es nur sehr mühsam voran geht. Das Zauberwort, das aus diesen Teufelskreisen Engelskreise werden lassen kann, heißt „bedingungslose Akzeptanz".

„Die eigentliche Gefahr bei Abwertungen, die von außen an uns herangetragen werden, liegt in unserem Inneren."

Bedingungslose Akzeptanz

Frei für ein gutes Miteinander werden wir nur, wenn wir das schlechte Miteinander der Vergangenheit loslassen. Und das können wir nur, wenn wir bereit sind, die Vergangenheit zu akzeptieren, wie sie nun einmal ist. Was war, lässt sich nicht mehr ändern. *Aber wir können aus den Fehlern lernen.*

Der festgehaltene Groll ist ein Festhalten an vergangenen Ansprüchen. Von ihnen Abschied zu nehmen bedeutet Schmerz und Trauer. Das Wort „Verzeihen" meint ursprünglich „Verzichten". Der Verzicht des Verzeihens ist ein Sterben. Er wird uns schwer, aber wenn wir ihn bejahen, dann gewinnen wir auch neu unser Ja für die Zukunft.

Abbildung 03: Nachtragend sein = dem andern die Last seiner Schuld hinterher tragen

Verzeihen heißt: Ich verzichte ganz bewusst und freiwillig auf die Durchsetzung meiner Vorstellung von Recht. Ich tue das aus gutem Grund: Ich beherzige die Goldene Regel - ich entschließe mich zur Barmherzigkeit, weil ich selbst barmherzig behandelt werden will. Und ich entschließe mich zum Verzicht darauf, der anderen Person weiter etwas *nachzutragen*, was mich möglicherweise selbst mehr belastet als sie, und mich dadurch selbst zu schädigen (Abbildung 03). Wer verpflichtet mich, dass ich mich weiterhin mit *ihrer* Schuld herumplage und sie ihr buchstäblich hinterher trage, während ihr das vielleicht sogar ganz egal ist? Ich verändere dadurch nichts an der Situation, außer dass ich mich selbst unglücklich mache. Ich bin gedanklich und emotional ganz auf die Schuld des Partners fixiert. Darum kann ich ihn nicht annehmen. Wenn er aber ständig spürt, dass ich ihn nicht wirklich akzeptiere, bekommt er sicher auch ein ähnliches Problem mit mir. Und schon dreht sich wieder der Teufelskreis.

Annahme und Selbstannahme ist die Voraussetzung für sinnvolle Veränderung. Umgekehrt gilt: Fehlende Annahme blockiert notwendige Prozesse der Veränderung, nicht zuletzt auch die therapeutischen. Akzeptanz des andern und Selbstakzeptanz und damit auch den hilfreichen Umgang mit Schuld erleichtern wir uns wesentlich dadurch, dass wir uns bewusst machen: Niemand ist perfekt und schuldig zu werden ist menschlich normal; Fehler zu machen ist sogar nötig, um zu lernen.

Wer wirklich akzeptiert, der verzeiht auch - dem anderen und sich selbst. Er nimmt den anderen und sich selbst ohne Vorbedingungen an. Daher findet auch überall dort, wo Menschen zu echter Annahme von anderen und sich selbst gelangen, *implizit* Vergebung statt. Darum muss man auch durchaus nicht immer die Worte „Schuld, „Verzeihen" und „Vergeben" im Mund führen, um es zu tun. Das Wesentliche ist die Akzeptanz.

Und umgekehrt gilt: Vergebung kann noch so beschworen werden und findet trotzdem nicht statt, wenn die Akzeptanz nicht zustande kommt. Vergebung ohne Akzeptanz ist Krampf und Heuchelei. Das Wesen des Verzeihens ist bedingungslose Akzeptanz.

Jack sagt zu Jill: „Verzeih mir!" Jill sagt: „Nein." Jack antwortet: „Ich werde dir nie verzeihen, dass du mir nicht verzeihst" (Laing, 1990, S.27). So geht es nicht. Verzeihen ist nur bei bewusster Einseitigkeit ehrlich und wirksam. Bedingungen für Verzeihen sind so kontraproduktiv wie Bedingungen für Akzeptanz.

Mit der Versöhnung ist es anders. Dazu gehören immer zwei. Zum Verzeihen gehört aber immer nur einer, und das bin ich selbst. Denn Verzeihen ist nichts anders als mein ganz persönlicher Verzicht auf den vermeintlichen Anspruch, der andere sei nur unter bestimmten Bedingungen als Mensch für mich voll akzeptabel.

„Frei für ein gutes Miteinander werden wir nur, wenn wir das schlechte Miteinander der Vergangenheit loslassen."

Dem Balken im eigenen Auge mehr Beachtung zu schenken als dem Splitter im Auge des Partners, den eigenen Anteil der Verantwortung in einem Konflikt schwerer zu gewichten als seinen, den ersten Schritt zu tun, statt zuvor eine entschuldigende Demutsgebärde vom andern zu erwarten, das alles kann sehr förderlich für die Beziehung sein und aus Teufelskreisen Engelskreise werden lassen. Aber es muss auch stimmen. Bei Ehepaar C. stimmte es nicht. Lesen Sie dazu das nächste Fallbeispiel.

Fallbeispiel 03: Endlich nimmst du mich an, wie ich bin

Frau C. bringt sehr viel Verständnis für ihren Mann auf. Er hatte eine schwere Kindheit und Jugend. Viel zu wenig Anerkennung bekam er. Auf die Mutter war kein Verlass. Der Vater verdiente nur schlecht und war zu streng. Herr C. hat großen beruflichen Ehrgeiz entwickelt, um sein Anerkennungsdefizit auszufüllen. Er geht sehr sorgfältig mit dem Geld um und ist auch sonst sehr genau. Frau C. ist ganz anders. Sie liebt spontane Entscheidungen, sie ist großzügig, aber auch vergesslich. Unbequemes verdrängt sie manchmal. Deswegen kommt es vor, dass sie Vereinbarungen vergisst oder aufschiebt. Herr C. reagiert sehr verletzt darauf. Er macht ihr heftige Vorwürfe und versteht einfach nicht, warum sie nicht ernsthafter an sich arbeitet, um diese Charakterschwächen zu überwinden. Frau C. ist sehr geknickt und versteht es auch nicht. Sie schimpft sich „Versagerin". Sie bittet, tief zerknirscht, immer wieder neu um Entschuldigung. „Ja", sagt sie, „du hast recht. Ich verstehe, wenn du allmählich keine Geduld mehr hast." Und sie macht einen neuen Termin mit ihrer Therapeutin aus, zu der sie vor einiger Zeit wegen Depression gegangen war. Die soll ihr helfen, endlich ihrem Mann die treue Stütze zu werden, die er verdient.

Die Therapeutin tut ihr den Gefallen nicht. Denn sie erkennt schon im ersten Gespräch das Teufelskarussell, in dem sich die beiden befinden: Herr C. ist stark, Frau C. ist schwach. Er macht fast nie etwas falsch, sie versagt ständig. Sie entschuldigt sich zu viel. Er verlangt von ihr Veränderung als Bedingung der Akzeptanz und sie geht bereitwillig darauf ein. Er ist dominant und sie unterwirft sich. Er ist groß und sie ist klein. Er weiß Bescheid und sie muss es erst noch lernen. Das ist keine Partnerschaftlichkeit.

Die Therapeutin arrangiert ein Paargespräch, in dem der Dauerbrenner der C.s, Frau C.s Schuld, gar nicht zur Sprache kommt. Sie fragt nicht einseitig nach Frau C.s Problem, sondern sie fragt nach dem Problem in der Beziehung des Ehepaars C.. Seine Weigerung, sie wirklich so zu akzeptieren, wie sie hier und heute ist, seine Urteile und Anschuldigungen, seine Forderung, sie müsse sich verändern, das alles belastet und demütigt Frau C. mindestens so stark, wie er sich über ihre Unzuverlässigkeit ärgert.

Durch die Moderation der Therapeutin kommen die beiden in ein gutes, verständigungsorientiertes Gespräch miteinander. Herr C. erkennt, weil er endlich einmal wirklich zuhört und bei sich ankommen lässt, wie sein Verhalten auf sie wirkt, dass seine Frau unter dem Druck sehr gelitten hat. Und sie atmet sehr erleichtert auf, weil sie sich endlich einmal von ihm wirklich verstanden und ohne Vorwurf ernst genommen fühlt. Sie hat ja das erste Mal überhaupt in einer friedlichen Atmosphäre über ihre Seite des Problems sprechen können.

Beide verlassen das Teufelskarussell. Und im weiteren Verlauf der Paarberatung vollzieht sich ein merkwürdiger Wandel: Je weniger Unverstandensein und fehlende Akzeptanz zwischen ihnen steht, desto unwichtiger wird es ihnen, von Schuld zu sprechen, wenn wieder ein Konflikt auftritt. Nach einigen Gesprächen kann Frau C. es wagen, das Entschuldigen sogar ganz wegzulassen, wenn sie wieder etwas getan hat, worüber er sich ärgert. Manchmal sagt sie „es tut mir leid", aber durchaus nicht immer. Es ist ganz einfach nicht mehr so wichtig. Denn endlich erlebt sie, dass Herr C. sie so akzeptiert, wie sie ist. Wenn er sich ärgert, kann er sie darüber informieren und nach wie vor darf er mit ihrem Verständnis rechnen. Aber sie muss jetzt keine lieblosen, herabsetzenden Vorwürfe mehr über sich ergehen lassen. Er spielt sich nicht mehr auf und sie wirft sich nicht mehr vor ihm nieder. Und das gibt beiden Raum und Energie, sich ohne Druck nun doch zu verändern, einfach nur aus Vernunft, Liebe und Dankbarkeit. Frau C. wird gewissenhafter und er wird großzügiger. Sie lernen voneinander. Sie hilft ihm, freier zu werden, er hilft ihr, zuverlässiger zu werden. Nun erst ergänzen sie sich wirklich. Ihre Liebe wächst.

Wo liegt das Problem?

Probleme in der Partnerschaft zu haben ist völlig normal. Probleme sind nichts Schlimmes. Wenn alles unproblematisch ist, gibt es keine Herausforderungen mehr. Die Folge ist gähnende Langeweile. Das Wort „Problem" bedeutete ursprünglich nichts weiter als „das Vorgelegte". Da liegt etwas vor: Das will angegangen und gelöst sein. Weiter nichts. Miteinander ein *Problem* zu haben, schadet einer Partnerschaft nicht. Im Gegenteil: Wenn es nicht allzu erdrückend ist, verbindet es die beiden. Richtig problematisch wird es erst, wenn sie ein Problem *miteinander* haben. Dann befinden sie sich im Konflikt: *Etwas steht zwischen ihnen* (Abbildung 04). Dann können sie so lang und intensiv an dem Problem herumdoktern, wie sie wollen - sie werden es nicht bewältigen. Das Problematische an ihrem Problem liegt nicht an seinem Vorhandensein, sondern an seinem Ort: Erst wenn es nicht mehr *zwischen* ihnen steht, können sie damit fertig werden.

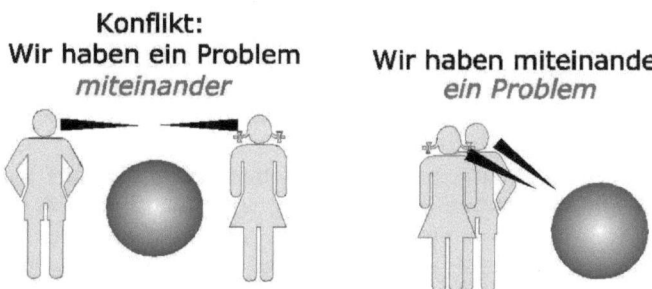

Konflikt:
Wir haben ein Problem
miteinander

Wir haben miteinander
ein Problem

Abbildung 04: Wo liegt das Problem: Vor uns oder zwischen uns?

Um angemessen kommunizieren zu können, müssen wir unterscheiden können, ob das Problem zwischen uns steht oder vor uns liegt. Wenn es zwischen uns steht, handelt es sich um ein *Beziehungsproblem*, wenn es vor uns liegt, um ein *Sachproblem*. Sehr oft werden sachliche Lösungen durch ungelöste Beziehungskonflikte sehr erschwert oder sogar unmöglich. Trotz aller Anstrengung gelingt keine echte Einigung, weil die gegenseitigen Vorbehalte weiterbestehen und den Gesprächspartnern anhängen wie einst die Eisenkugeln den Beinen der Gefängnisinsassen. Sehr oft werden Beziehungskonflikte auch auf die Sachebene verlagert. Man fragt sich dann, wie Harmlosigkeiten sich zu solch riesenhafter Größe aufblähen können. Was soll denn daran so schlimm sein, wenn der Mitarbeiter mal 5 Minuten zu spät bei der Sitzung erscheint? Sein

Chef empfindet es als Majestätsbeleidigung. Mühevoll beherrscht, aber doch auch deutlich aggressiv hält er ihm das „Vergehen" vor. Der Mitarbeiter ist ebenfalls zutiefst erbost, aber auch er versucht mit aller Macht, nicht die Fassung zu verlieren, um sich nur ja keine Blöße zu geben. Beide wahren den Schein der Sachlichkeit, denn sie wollen auf keinen Fall schwach erscheinen. Und so fangen sie nun „ganz sachlich", in Wirklichkeit aber höchst emotional, sehr gewichtig darüber zu diskutieren an, ob es nur drei Minuten oder gar sechs Minuten gewesen seien. Selbst wenn sie sich einigen würden, hätte das Ergebnis keinen Wert. Denn *ihr eigentlicher Konflikt ist eine Beziehungsangelegenheit:* Der Chef denkt schon lang, dieser Mitarbeiter würde seine Autorität untergraben, und dieser denkt schon lang, sein Chef würde ihn nicht für voll nehmen und für einen Menschen zweiter Klasse halten. Aber *darüber* sprechen sie *nicht.*

Worin besteht das Problem der beiden? Sie machen das Richtige am falschen Ort. *Sie verwechseln die Kommunikationsebenen.* Sie befinden sich im falschen Stockwerk. Sie versuchen, einen Beziehungskonflikt wie eine „rein sachliche" Angelegenheit zu behandeln. Aber Beziehungskonflikte sind niemals „rein sachlich", sondern immer höchst persönlich, und das bedeutet nichts anders als höchst emotional. Wer einen Beziehungskonflikt angemessen lösen will, muss darum die Emotionen zur Sprache bringen, die er beinhaltet.

Die Kommunikationsebenen bezeichnet man auch als *„Situationstypen".* Ob Kommunikation gelingt oder nicht, hängt in erheblichem Maß davon ab, ob wir erkennen, um welchen Situationstyp es sich gerade handelt und ob wir uns dann auch entsprechend verhalten. Wer zum Beispiel bei einer Trauerfeier Witze erzählt, benutzt wahrscheinlich ein sehr gutes Kommunikationsmittel am falschen Platz. Vielleicht verfolgt er sogar das gute Ziel damit, die Trauernden etwas aufzuheitern. Trotzdem geht es daneben. Es passt ganz einfach nicht.

„Sehr oft werden sachliche Lösungen durch ungelöste Beziehungskonflikte sehr erschwert oder sogar unmöglich."

Die drei Situationstypen

Im *Training Sozialer Kompetenzen* nach Hinsch und Pfingsten werden drei Situationstypen unterschieden (Hinsch, Pfingsten, 1998; Hinsch, Wittmann, 2003):

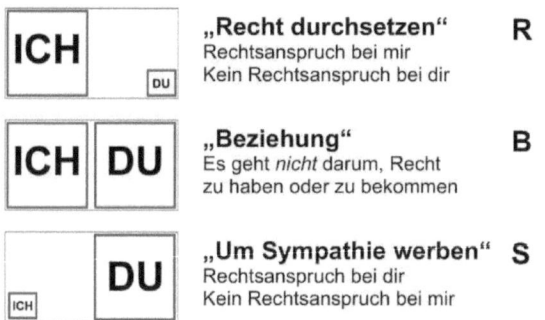

"**Recht durchsetzen**" R
Rechtsanspruch bei mir
Kein Rechtsanspruch bei dir

"**Beziehung**" B
Es geht *nicht* darum, Recht
zu haben oder zu bekommen

"**Um Sympathie werben**" S
Rechtsanspruch bei dir
Kein Rechtsanspruch bei mir

Abbildung 05: Die Situationstypen nach Hinsch & Pfingsten

Es sind drei Situationstypen, aber nur zwei Kommunikationsebenen: „Recht durchsetzen" und „Um Sympathie werben" gehören beide der Sachebene an. Wenn ich zu Recht ein Recht durchsetze, ist das im günstigen Fall eine rein sachliche Angelegenheit. Ich habe Dich gebeten, mir einen 50Euro-Schein zu wechseln. Aus Versehen habe ich dir aber nur einen 10Euro-Schein gegeben. Du machst mich darauf aufmerksam und forderst stattdessen den 50-er. Du hast Recht und du hast das Recht dazu, es ist sachlich richtig und gerecht. Es steht dir zu.

Um dieselbe sachliche Kommunikationsebene handelt es sich, wenn ich dir sage, dass ich den 10er im Geldbeutel für einen 50er gehalten habe, das Bargeld jetzt aber trotzdem dringend brauche, und wenn ich Dich deshalb bitte, mir die 40 Euro nicht zu wechseln, sondern zu leihen. Ich habe durchaus kein Recht darauf, denn das Recht ist ganz auf deiner Seite. Ich darf dir keinen Vorwurf machen, wenn Du es nicht tust; Du magst Deine guten Gründe dafür haben. Du sagst vielleicht: „Nicht so gern" und ich antworte: „Hm, es ist halt eine schwierige Situation für mich und Du würdest mir damit einen großen Gefallen tun." Ich werbe also um Sympathie, weil ich etwas von dir will, was mir rein sachlich *nicht* zusteht.

Typ „Recht durchsetzen" und Typ „Um Sympathie werben" sind also nur die beiden Seiten des Kommunizierens auf der Sachebene, je nachdem, ob die kommunizierende Person ein Recht hat oder nicht. In beiden Fällen geht es um die Sache (Abbbildung 06).

Abbildung 06: Die beiden Kommuniktionsebenen

Schauen wir uns jetzt die drei Situationstypen noch näher an.

Situationstyp „Recht durchsetzen"

Hier darf der eigene Anspruch ganz groß geschrieben werden. Es ist völlig angemessen, dass der andere sich dem fügt und tut, was Sie jetzt verlangen. Ansprüche des „Du" sind in diesem Fall darum ganz klein zu schreiben.

Wenn Sie zum Beispiel eine klare Vereinbarung mit Ihrem Partner getroffen haben, dann haben Sie ein Recht darauf, dass er sie auch einhält. Zum Wesen eines Rechts gehört es, dass man es ohne schlechtes Gewissen einfordern darf.

Fallbeispiel 04/1: Ich habe ein Recht darauf!

Karl und Daniela haben gestern vereinbart, dass Karl ab jetzt dafür verantwortlich ist, immer rechtzeitig Getränke aus dem Keller zu holen. Als Daniela heute spät abends von einer Veranstaltung zurück kommt, stellt sie fest, dass keine Getränke in der Küche sind. Sie hat Durst. „Karl", sagt sie in ruhigem Ton, „du hast versprochen, ab jetzt die Getränke aus dem Keller zu holen. Es sind aber keine da und ich habe Durst." Mehr muss sie nicht sagen. Sie hat Karl erinnert, das genügt. Es liegt an ihm, die Abmachung einzuhalten. „Ach, ich bin jetzt so müde", stöhnt Karl, der sich schon die Zähne putzt. „Ich mach's morgen früh." Daniela kann jetzt entscheiden, ob sie auf ihrem Recht beharren möchte oder nicht. Wenn sie bei der Forderung bleibt, muss sie kein schlechtes Gewissen haben. Sie überlegt kurz und antwortet dann: „Ich bin auch sehr müde und ich habe Durst." „Soll das etwa heißen,

---

dass du von mir verlangst, jetzt noch in den Keller runter zu gehen?"
fragt Karl ärgerlich. „Ja, das erwarte ich", erwidert Daniela. Karl tut es,
aber er lässt sie seinen Ärger deutlich spüren. Daniela bleibt ruhig und
sagt: „Ich finde es nicht angemessen, wenn du mich jetzt deinen Ärger
spüren lässt. Ich habe lediglich mein Recht in Anspruch genommen. Es
ist unfair von dir, wenn du es mir abstreitest. Ich möchte deinen Ärger
aber gern verstehen. Möchtest Du darüber sprechen?"

Es hat Daniela einige Kraft gekostet, ihre Souveränität zu bewahren. Sie kann stolz auf sich sein: Das hat sie hervorragend bewältigt. Musterhaft sozialkompetent!

Mit Situationstyp R sind wir auf der Sachebene, und wenn wir
uns dort befinden, dann dürfen wir auch ganz sachlich sein und
bleiben. Wir müssen nicht viele Worte machen. Wir müssen uns
nicht entschuldigen, wir müssen nichts erklären, wir müssen nicht
einmal „bitte" sagen, obwohl das meist gewiss nicht schadet. Denn
unhöflich müssen wir auch nicht werden, es gibt ja keinen Grund
dazu. *Wir fordern ein Recht ein, das uns zusteht. Das ist alles.*
Wenn der andere nicht darauf eingeht, können wir unseren Anspruch wiederholen; notfalls können wir die Technik der „ge-
sprungenen Schallplatte" einsetzen: Die Nadel bleibt an einer Stelle hängen und darum wiederholt die Platte die ganze Zeit dasselbe.
„Ich diskutiere nicht mit dir darüber. Wir haben es vereinbart. Ich
erwarte darum, dass du es tust." „Es ist sinnlos, dass du dich auf-
regst. Wir haben es vereinbart. Ich erwarte darum, dass du es
tust."

Wenn ich aber erkenne, dass der andere mein Recht nicht an-
erkennt, dann darf ich mir bewusst machen, dass er mir *Unrecht*
tut. Das heißt: Er überschreitet die Grenze meiner Würde. Es ist
angemessen, wenn ich mich davor schütze. Ich darf also mit gutem
Gewissen eine Konsequenz aus dem Verhalten meines Partners ziehen, die vielleicht unangenehm für ihn ist. Nicht, um ihn zu bestra-
fen, sondern um mich zu schützen. In den meisten Fällen ist es
sinnvoll, diese Konsequenz vorher anzukündigen. „Ich akzeptiere
deine Entschuldigung", sagt Frau D., als ihr Mann wieder einmal
ausgerastet ist, dabei handgreiflich wurde und nun wieder beteu-
ert, wie leid es ihm tut. „Wenn du aber noch ein einziges Mal
gegen mich gewalttätig wirst, werde ich mich von dir trennen."
Bald darauf überschreitet Herr D. die Grenze wieder. Frau D. ist
konsequent und zieht aus. Jeder Mensch hat das Recht, sich vor
der Entwürdigung durch andere zu bewahren, wenn er das kann.
Frau D. nimmt ihr Recht in Anspruch.

Im selben Stockwerk, also auf der Sachebene, ist nicht nur das Thema „Recht *beanspruchen*" angesiedelt, sondern auch das Thema „Recht *haben*". Auf dieser Ebene finden darum auch die sachlichen Diskussionen statt, in denen es um die Frage geht, was richtig und was falsch ist. Sie können eine Partnerschaft sehr bereichern, vorausgesetzt, dass die beiden wirklich fair und bei der Sache bleiben. Und das bedeutet:

▸ Ich lasse dich ausreden.
▸ Ich halte keine langen Monologe.
▸ Ich lege dich nicht rhetorisch auf's Kreuz, sondern nehme dich ernst, höre dir zu und vermittle dir aktiv, dass ich bereit bin, mir von dir etwas sagen zu lassen, gerade auch dort, wo ich dir vielleicht überlegen bin.
▸ Ich verzichte auf ironische Spitzen.
▸ Ich mache mir bewusst, dass ich die Wahrheit nicht gepachtet habe und rechne damit, dass mir in deinen Argumenten eine Wahrheit begegnen will, die meinen Horizont erweitern wird.
▸ Ich mache mir bewusst, dass aus der Ungeschicklichkeit in deinem Ausdruck nicht die Minderwertigkeit der Argumente zu folgern ist; vielleicht verstehe ich einfach nur noch nicht gut genug, was du sagen möchtest.
▸ Ich mache mir dasselbe auch für meine eigenen Argumente bewusst und lasse mich nicht entmutigen, wenn es mir noch nicht gelingt, dir zu vermitteln, was ich eigentlich sagen will.
▸ Ich wechsle auf die Beziehungsebene, wenn ich merke, dass die Diskussion keinen Spaß mehr macht, weil ein unangenehmes Gefühl wie Ärger oder Frust entstanden ist.

„Zum Wesen eines Rechts gehört es, dass man es ohne schlechtes Gewissen einfordern darf."

Situationstyp „Beziehung"

Hier stehen sich mein Anspruch und dein Anspruch gleichberechtigt gegenüber. Auf der Beziehungsebene geht es nicht darum, sich durchzusetzen, sondern darum, sich zu *verständigen*. Mein Anspruch besteht auf dieser Ebene nicht darin, dass der andere tut, was ich von ihm verlange, sondern darin, dass ich von ihm mit meinen Bedürfnissen und Wünschen *ernst genommen* werde. Ebenso darf ich den Anspruch erheben, mein Bedürfnis dem Partner gegenüber zum *Ausdruck* zu bringen. Sollte er oder sie mir das verweigern wollen, dann sollten wir besser darauf verzichten, unser Verhältnis eine „Partnerschaft" zu nennen.

Fallbeispiel 04/2: Auf die Beziehungsebene wechseln

Karl hat nun schon zum dritten Mal innerhalb einer Woche nicht rechtzeitig für Getränkenachschub gesorgt. Als Daniela es bemerkt, ärgert sie sich. Sie erkennt: Das sachliche Problem ist zum Beziehungsproblem geworden. Sie kann nicht mehr souverän damit umgehen. Sie fühlt sich persönlich durch Karls Verhalten herabgesetzt. Sie wechselt auf die Beziehungsebene und informiert darum Karl deutlich, aber nicht-aggressiv, über ihr neues emotionales Problem.

Wieder verhält sich Daniela vorbildlich sozialkompetent. Sie hat achtsam wahrgenommen, was in ihr vorgeht. Oft bemerken wir nicht, wenn sich in uns der schleichende Übergang von der sachlichen Forderung zur Aggression vollzieht und wir somit die Ebenen vertauschen: Wir meinen, immer noch ganz sachlich zu sein, aber in Wirklichkeit sind wir wütend. Wir glauben, mit Hilfe der Aggressivität unsere Autorität zu steigern, aber tatsächlich verlieren wir sie mehr und mehr, weil wir die Souveränität verlieren. Auf dem Höhepunkt dieses schleichenden Prozesses, der manchmal sehr schnell abläuft, verlieren wir die Fassung. Durch Wut die Fassung zu verlieren ist aber stets ein hochgradiger Autoritätsverlust. Wenn Daniela jetzt platzen und Karl wüst beschimpfen würde, hätte er ganz sicher in diesem Moment große Mühe, sie

„Durch Wut die Fassung zu verlieren ist stets ein hochgradiger Autoritätsverlust".

mit ihrem frustrierten Bedürfnis noch wahrzunehmen und ernstzunehmen.

Nach wie vor besteht natürlich Danielas Recht, aber der Beziehungskonflikt ist jetzt erst einmal wichtiger. Es muss ja auch irgendeinen Grund dafür geben, dass Karl sich so verhält. Sie möchte ihn gern verstehen. Dann wird sie auch besser damit umgehen können. Daniela fantasiert, dass er die Abmachung nicht ernst gemeint hat. Sie stellt sich vor, dass er ihre Bedürfnisse für weniger wichtig hält als ihre eigenen. Der Gedanke drängt sich ihr auf, dass Karl sie als Frau für einen Menschen zweiter Klasse hält. Sie behauptet nicht, mit ihren Fantasien recht zu haben. Sie wünscht sich vielmehr, dass Karl ihren Ärger entkräften wird, indem er glaubhaft erklären kann, dass es anders ist. Sie weiß nur noch nicht, wie das aussehen kann.

Die Ansprüche beider stehen sich jetzt gleichberechtigt gegenüber. Daniela würde den Situationstyp verwechseln, wenn sie auch bei diesem neuen Konfliktthema noch behaupten würde, recht zu haben und wenn sie versuchen würde, sich damit durchzusetzen: „Du hältst mich ja bloß für einen Menschen zweiter Klasse! Du denkst ja nur an deine eigenen Bedürfnisse! Weißt du, was du bist? Ein Machotyp! Du nimmst mich ja überhaupt nicht ernst!" Damit würde sie Karl verurteilen und ihm die Gelegenheit verwehren, ihr seine eigene Sicht der Dinge zu erklären. Wahrscheinlich würde sie dadurch das Opfer eines fatalen Missverständnisses. Jedenfalls fände sie auf diese Weise für ihr Problem keine sinnvolle Lösung.

Auf der Beziehungsebene geht es zunächst ausschließlich um gegenseitige Verständigung. Ich habe den Anspruch, von dir mit meinen Gefühlen, Bedürfnissen und Wünschen ernstgenommen und verstanden zu werden, und du hast genau denselben Anspruch mir gegenüber. Wir begegnen uns auf Augenhöhe.

Fallbeispiel 04/3: Verständigen und verstehen

Im Klärungsgespräch sagt Karl, dass er Danielas Ärger gut nachvollziehen kann. Er bedankt sich bei ihr dafür, dass sie ihm den Ärger nicht einfach „vor den Latz knallt", wie er es ausdrückt, sondern ihn nur darüber informiert und ihm die Gelegenheit gibt, sich dazu äußern zu können, ohne sich rechtfertigen und verteidigen zu müssen. „Das ist für mich eine ganz neue Erfahrung", bekennt Karl. „Und jetzt, wo du mir den Raum gibst, in Ruhe darüber nachzudenken, geht mir auch ein Licht auf, warum ich mein Versprechen nicht gehalten habe. Nicht, weil ich dich für einen Menschen zweiter Klasse halte und dich nicht ernst nehme; nein, das ist überhaupt nicht so. Aber ich habe es verdrängt. Ich habe nämlich auf dich so reagiert wie auf meine Mutter. Du weißt ja, sie hat dauernd an mir herumgemeckert. Und da habe ich mir angewöhnt, mich taub zu stellen. Es tut mir wirklich leid." Daniela kann Karls Verhalten jetzt viel besser verstehen und ihn darum auch wieder akzeptieren. Ihr Ärger löst sich auf. Sie fühlt sich auch von ihm wieder ganz ernstgenommen. Trotzdem bleibt ein Unbehagen. „Ich möchte, dass es funktioniert mit unserer Regelung. Was können wir verändern, damit du es *nicht* wieder verdrängst und mich auch nicht zurückweist, wenn ich dich erinnere?" fragt sie. „Das ist der Punkt", antwortet Karl. „Es war ein Fehler, patzig auf dein Erinnern zu reagieren. Du bist nicht meine Mutter. Ich glaube, dieses Klärungsgespräch hat ausgereicht, dass ich es nicht mehr vergesse. Wenn ich es aber doch tue, dann bitte ich dich, dass du mich deutlich konfrontierst. Darauf hast du ein Recht. Ich möchte die Regelung wirklich einhalten, weil ich sie gut finde. Und ich möchte weniger vergesslich werden. Danke, wenn du mir dabei hilfst."

„Auf der Beziehungsebene geht es nicht darum, sich durchzusetzen, sondern darum, sich zu verständigen."

Situationstyp „Um Sympathie werben"

Wenn das Recht auf der Seite des anderen ist und ich möchte, dass er es *nicht* in Anspruch nimmt, kann ich um Sympathie bei ihm werben. Situationstyp „S" ist also das Gegenstück zu Situationstyp „R". Das dringende Interesse ist ganz einseitig bei Ihnen. Sie sind ganz abhängig davon, dass die andere Person auf Sie eingeht; verpflichtet ist sie nicht dazu.

Entsprechend gegensätzlich ist auch das angemessene Kommunikationsverhalten: Eher nicht kurz und knapp, nicht sachlich, sondern sehr persönlich, und lieber mache ich eine freundliche Bemerkung zu viel als eine zu wenig. Allerdings muss ich auch deutlich genug sein, damit die andere Person noch versteht, was ich eigentlich meine. Der berühmte „Wink mit dem Zaunpfahl" wird oft bitter enttäuscht, weil das Gegenüber ihn ganz einfach nicht wahrnimmt.

„Der ,Wink mit dem Zaunpfahl' wird oft bitter enttäuscht, weil das Gegenüber ihn ganz einfach nicht wahrnimmt."

Fallbeispiel 04/4: Ausnahmweise...

Die dritte Woche nach Vereinbarung der Getränkebesorgungsregel ist angebrochen. Nach dem Klärungsgespräch zwischen Daniela und Karl lief es gut. Daniela nahm es nicht selbstverständlich hin, dass Karl an die Abmachung dachte, sondern sie ließ ihn wissen, dass sie sich darüber freute. Gerade ist Karl vom Volleyballtraining zurückgekommen. Er hat sich völlig verausgabt. Jetzt liegt er auf dem Sofa, hat die Beine hoch gelegt und genießt den Film im Fernsehen, auf den er sich schon sehr gefreut hatte. Er sieht, dass sich Daniela gerade mit einem Wäschekorb in Richtung Keller begibt. „Mausi (er weiß, dass sie es liebt, wenn er sie so nennt), darf ich dich kurz was fragen? Kannst Du mir vielleicht einen ganz, ganz großen Gefallen tun? Ausnahmsweise?" Daniela stellt den Wäschekorb ab und lächelt. „Heraus mit der Sprache - was möchtest du?" „Es ist wirklich nur dieses eine Mal, weil ich gerade so fertig bin..." - „...und weil es so gemütlich ist und du den Film gern sehen willst und du zu faul bist, in den Keller zu gehen", ergänzt Daniela lachend. „Was darf's denn sein - deinen Getränkedienst übernehmen?" „Ja, und du wärst ein ganz großer Schatz, wenn du mir gleich noch ein Fläschchen Bier mit hochbringen würdest." „Ausnahmsweise", sagt Daniela sehr betont und mit Augenzwinkern. Gern erfüllt sie ihm den Wunsch.

Leider werden in Partnerschaften die Situationstypen „R" und „S" oft verwechselt. Das verlangt nach Widerstand.

Fallbeispiel 05/1: Widerstand

Herr D. ist, im Gegensatz zu Karl, tatsächlich der Meinung, Frauen seien Menschen zweiter Klasse und Ehefrauen hätten ihren Männern zu gehorchen. Frau D. hat sich aber dazu entschlossen, sich nicht mehr von ihm entwürdigen zu lassen. Als er ihr wieder einmal zuruft „Geh mal eben in den Keller und hol mir ,ne Flasche Bier!" nimmt sie allen Mut zusammen und antwortet: „Ich glaube, du verwechselst mich. Ich bin nicht deine Sklavin, sondern deine Partnerin." Es wäre gut verständlich, wenn Frau D. aus Angst den Mund halten und sich fügen würde. Aber dann würde sich nichts ändern.

Meinem Eindruck nach scheitern sehr viele Partnerschaften von Menschen, die wunderbar zusammenpassen würden und die eine große Sehnsucht nach definitiver Beendigung ihrer Einsamkeit in sich tragen, aus diesem Grund, noch bevor sie wirklich zustande gekommen sind. Die beiden sind sich sehr nah, aber nicht nah genug. Es wimmelt von Andeutungen, aber deutlich wird keiner von beiden. Die Angst vor Abweisung ist zu groß. Sie schenken sich gegenseitig Blumen, aber sie *reden* auch nur durch die Blume. Was sie sich wirklich wünschen, bleibt ungesagt und leider unklar. Auf dem Weg des Kennenlernens kann das stimmig sein. Aber irgendwann bekommt der Wunsch eine konkrete Gestalt und dann will er auch dementsprechend klar mitgeteilt sein.

Das Gelingen sozialkompetenter Kommunikation hängt zu einem guten Teil von der Fähigkeit des Unterscheidens ab, welcher Situationstyp jeweils als angemessen zu betrachten ist. Das ist grundsätzlich eine Ermessensfrage...

Wutenbrannt schlägt Cowboy Jim die Flügel der Eingangstür zur Seite und betritt den Saloon. „Wer hat mein Pferd grün angestrichen?!" schreit er in die Menge. Keiner rührt sich mehr - man könnte eine Stecknadel fallen hören. Da steigt drüben, auf der anderen Seite des Raums, eine Gestalt vom Barhocker und wendet ihm das Gesicht zu. „Es ist Joe", durchzuckt es Jim. Joe, der allseits gerühmte und gefürchtete Revolverheld, baut sich gemächlich Jim gegenüber auf, die Hand am Colt. „Ich war's", sagt Joe mit gelangweilter Stimme. „Warum fragst du?" „Ich... ich wollte dich nur gerade informieren", stottert Jim mit ergebenem Grinsen. „Es ist jetzt trocken zum Lackieren."

Das Recht liegt natürlich, rein sachlich gesehen, eindeutig bei Cowboy Jim. Aber aus gutem Grund entscheidet er sich dafür, Situationstyp „S" zu wählen. In seinem Fall ist dies gewiss das sozialkompetentere Verhalten.

In einem gesellschaftlichen System, das den Menschen unterschiedlichen Wert beimisst, kann es für die Entwerteten und Entrechteten klüger sein, sich anzupassen, statt einen Widerstand ohne Chance zu wagen. Auch in Ehen wie bei den D.s kann diplomatisches Verhalten vorübergehend helfen, um größeren Schaden zu verhindern. Aber eben nur vorübergehend! Denn *wir leben in einer Demokratie, in der die Gleichwertigkeit und Gleichberechtigung aller Menschen zu den höchsten Werten gehört*. Bei uns ist die Aussicht auf Erfolg ziemlich groß, wenn wir den Schutz unserer Würde in Anspruch nehmen. Das Recht ist jedenfalls auf unserer Seite.

Fallbeispiel 05/2: Diplomatische Ergebenheit

Herr D. verliert wieder die Kontrolle. Im betrunkenen Zustand schlägt er nach seiner Frau. Wenn sie jetzt auf ihr Recht pocht, kann es üble Folgen für sie haben. Darum wählt sie Situationstyp S und besänftigt ihn, indem sie ihm recht gibt und sogar noch Komplimente macht. Aber am nächsten Tag zieht sie aus und lässt sich weder durch Tränen noch durch Vorhaltungen und Drohungen davon abhalten. Hut ab, Frau D.!

Echte und falsche Selbstsicherheit

Danielas Souveränität kommt durch zwei Komponenten zustande: *Erstens wählt sie den passenden Situationstyp und zweitens kommuniziert sie nicht-aggressiv.* Sie tritt *angenehm* selbstsicher auf. *Unangenehm* selbstsicheres Verhalten hingegen hat etwas versteckt Aggressives an sich. Irgendwie wirkt es immer bedrohlich. Dieser Mensch ist gar nicht wirklich selbstsicher, er gibt sich nur so. Es ist eine Selbstsicherheit wie die eines Hundes, der leise mit gesträubten Nackenhaaren knurrt und damit signalisiert: „Bleib mir bloß von diesem Kno-

chen weg!" Er wirkt rechthaberisch: „Ich habe dieses Recht, komm mir nur nicht zu nahe und mache es mir nur nicht streitig!" Wer wirklich recht hat, braucht nicht rechthaberisch zu sein. Rechthaberei ist ein aggressives Verhalten, das Selbstunsicherheit verrät.

Sozialkompetentes Verhalten ist nicht *aggressiv*, sondern *friedlich* selbstsicher. Wer dem anderen Angst machen muss, um zu seinem Ziel zu kommen, ist gar nicht so sicher, wie er scheint. Er benutzt die Aggression als Hilfsmittel. In der Regel ist das aber nicht angemessen, sondern erschwerend, weil es mit negativen Folgen verbunden ist.

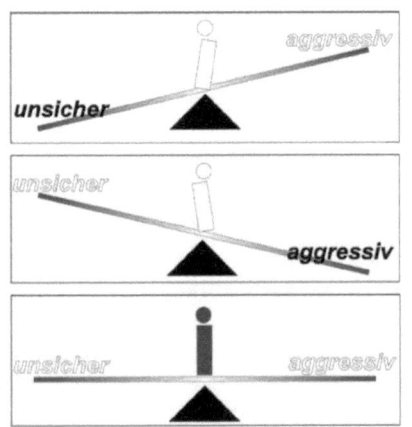

Selbstunsicherheit:
Aggression im Rückzug

Aggression:
Selbstunsicherheit im Angriff

Selbstsicherheit:
Innere Balance

Abbildung 07: Die Balance der Selbstsicherheit

Wirklich selbstsicher ist eine Person, die bei der Begegnung mit anderen innere Balance herstellt (Abbildung 07). Sie ist bei sich selbst, sie ist selbstbewusst, was bedeutet: *Sie ist sich ihrer selbst bewusst.* Ein Mensch, der die Balance nicht findet, schwankt zwischen Selbstunsicherheit und Aggression. Selbstunsicherheit ist Aggression auf dem Rückzug, Aggression ist Selbstunsicherheit im Angriff.

Selbstbewusstsein muss sich darum durchaus nicht in einem starken Auftritt zeigen. Es ist mehr eine Angelegenheit der Konzentration. Die authentisch selbstsichere Person weiß und bejaht, dass sie sich auf schwankendem Boden befindet. Sie steht nicht auf einem Felsen, sie steht auf einer Wippe. Sie ist sich ihrer Schwäche bewusst. Dauernd befindet er sich in der Gefahr, entweder in übermäßige Ängstlichkeit oder in übermäßige Großspurigkeit abzurutschen, in Flucht oder Angriff.

In Selbstunsicherheit abzurutschen und dort sitzen zu bleiben folgt aus der Entmutigung: Ich nehme mir zu wenig heraus, ich mache mich zu klein. In Aggression abzugleiten und dort hängen zu bleiben folgt aus dem Übermut: Ich nehme mir zu viel heraus, ich mache mich zu groß.

Für den selbstbewussten Auftritt brauche ich Mut und Mut ist da, wo die Balance ist. Balance verlangt Aufmerksamkeit. Wenn die Konzentration verloren geht, veliere ich die Balance und rutsche in Selbstunsicherheit oder Aggression ab - ich verliere mein „inneres Gleichgewicht". Pseudo-Selbstsicherheit überzeugt, indem sie imponiert. Sie tut so, als hätte sie keine Angst. Wahre Selbstsicherheit muss nicht imponieren: Du spürst die Angst und akzeptierst sie, aber du konzentrierst dich. Der starke Auftritt würde dich nur vom Wesentlichen ablenken und du hast ihn auch gar nicht nötig.

Mut kann also sehr vorsichtig auftreten. Ich kann mutig sein und dabei können mir Stimme, Hände und Knie zittern. Denn Mut ist nicht durch die Abwesenheit von Angst gekennzeichnet, sondern durch die Auseinandersetzung mit der hier und jetzt vorhandenen, ganz real *gegenwärtigen* Angst. Wer keine Angst hat, der braucht auch keinen Mut. Selbstsicher sind wir, wenn wir mutig sind.

„Selbstsicher ist eine Person, die bei der Begegnung mit anderen innere Balance herstellt."

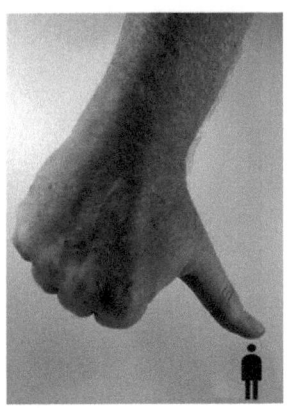

Durch das Abrutschen in Selbstunsicherheit oder Aggression tun wir uns und der anderen Person *Unrecht*: Wir lassen es zu, dass sie sich selbst auf unserer Kosten groß macht und gehen somit unfair mit uns selbst um, weil wir uns erniedrigen und entwürdigen lassen. Oder wir tun dasselbe der andern Person an, indem wir uns auf ihre Kosten erhöhen.

Darum ist die selbstsichere Balance zwischen Selbstunsicherheit und Aggression identisch mit einer ausgewogenen Haltung der Akzeptanz des andern und der Selbstakzeptanz (Abbildung 08).

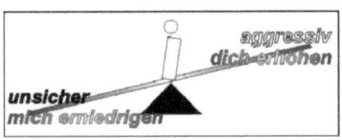

Selbstunsicherheit:
Statt mich als Gegenüber zu akzeptieren, erniedrige ich mich. Dadurch mache ich dich größer, als es dir zusteht.

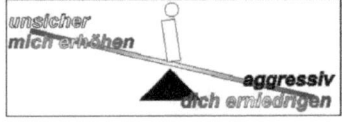

Aggression:
Statt dich als Gegenüber zu akzeptieren, erniedrige ich dich. Dadurch mache ich mich größer, als es mir zusteht.

Selbstsicherheit:
Statt mich selbst oder dich zu erniedrigen, akeptiere ich mich selbst und dich.

Abbildung 08: Selbstsicherheit und Akzeptanz

„Die selbstsichere Balance ist identisch mit einer ausgewogenen Haltung der Akzeptanz."

Von der Beziehungsebene zur Sachebene

Das Problematische an problematischen Partnerschaften sind nicht die Probleme selbst, sondern die Beziehungskonflikte. Die einfachsten Sachlösungen kommen nicht zustande, weil sich die Partner nicht verstanden und ernstgenommen fühlen. Und was dann doch zustande kommt, ist auf Sand gebaut. Man rafft sich auf, findet eine Regelung, weil ja irgendwie klar ist, dass es so nicht weitergehen kann, aber bald schon bricht das Konstrukt auseinander und alles ist im Sand verronnen. Denn das Fundament der Verständigung fehlt (Abbildung 09). Wenn es aber hergestellt wird, ist kein Sachproblem so groß, dass man nicht miteinander zu einer guten Lösung kommen könnte, und wenn diese auch nur heißen mag: Wir finden keinen gemeinsamen Nenner, jeder geht seinen eigenen Weg - aber wir respektieren und unterstützen uns gegenseitig dabei, oder: Wir können es nicht ändern, aber wir tragen es gemeinsam.

Abbildung 09: Das Bild vom Hausbau: Erst ein stabiles Fundament legen!

Das Fundament der Verständigung ist bei jedem neuen Konfliktthema erst dann gelegt, wenn beide ehrlich zueinander sagen können: „Jetzt fühle ich mich von dir in der Angelegenheit verstanden." Das Gefühl, wirklich verstanden zu werden, beinhaltet das Gefühl, wirklich *akzeptiert* zu werden. Verstanden fühlen wir uns, wenn unser Gegenüber uns vermitteln kann, dass bei ihm wirklich angekommen ist, wie es uns mit der Angelegenheit geht, wie wir darüber denken und was wir dabei empfinden, und dass uns das Gegenüber darin unbedingt ernst nimmt. Für viele ist es sehr ungewohnt, sich in der Besprechung von Konfliktthemen zunächst ganz darauf zu konzentrieren. Es fällt ihnen sehr schwer, die eigenen Gefühle und Gedanken überhaupt offen zu äußern, ohne sich zu verteidigen und ohne Forderungen und Vorwürfe damit zu verbinden, einfach nur, um vom Gegenüber möglichst gut verstanden zu werden. Und es fällt ihnen ebenso schwer, sich ganz konzentriert darum zu bemühen, die Angelegenheit auch aus der Perspektive des Gegenübers zu sehen, einfach nur, um es möglichst gut zu verstehen. Aber es gibt keine Alternative, um in einer Partnerschaft zu echter und tiefer Gemeinschaft zu finden!

Wenn sich die beiden verständigt haben, hat sich das Konfliktthema nicht verändert, aber seine Präsentation hat sich gewandelt: Jetzt klagen sich die beiden nicht mehr an: „Dass du dich schon drei mal innerhalb der ersten Woche nicht an unsere Abmachung gehalten hast, beweist ja wieder mal ganz deutlich, wie wenig dir meine Bedürfnisse bedeuten!" Sondern sie haben sich verständigt: „Ich verstehe jetzt, warum du es nicht gemacht hast. Du hast es verdrängt. Du hast auf mich so reagiert, als wäre ich deine Mutter, die dich immer herumkommandiert hat." Das Problem steht nicht mehr zwischen ihnen - sie haben nicht mehr ein Problem *miteinander*, sondern sie haben miteinander ein *Problem* (Abbildung 04). Und das ist jetzt kein heißes Eisen mehr, sondern ein lösbares, sachliches Problem.

„Wenn das Fundament der Verständigung hergestellt wurde, ist kein Sachproblem so groß, dass man nicht miteinander zu einer guten Lösung kommen könnte."

Recht oder Wunsch?

 *Achtung: Situationstyp „Recht durchsetzen" befindet sich im Grenzgebiet zur Unbarmherzigkeit!*

Auch wenn wir tatsächlich Recht haben, kommt es sehr darauf an, wie wir das kommunizieren. Aggressiv aufzutreten ist in den meisten Fällen weder nötig noch hilfreich. Aber auch der allzu sachliche Umgang mit sachlich gerechtfertigten Argumenten kann kommunikativ daneben gehen: Ich wirke abweisend, hart und kalt, obwohl ich es vielleicht gar nicht sein möchte. Ich sehe mein Gegenüber nicht mehr an und achte nicht darauf, was es jetzt braucht. Das ist sehr wichtig und richtig, wenn ich mich vor dem unfairen Verhalten des Gegenübers schützen muss. Aber es kann auch sein, dass ich durch die einseitige Fixierung auf mein Recht *unbarmherzig* werde. Ich setze mich über sein Bedürfnis hinweg.

Das ist eine subtile Gefahr, weil ich mir das Recht ja nicht anmaße. Es stimmt schon: Der andere muss sehen, wie er damit klar kommt, wenn ich mein Recht beanspruche. Natürlich hat jeder in der Straßenbahn ein Recht auf einen Sitzplatz und wer zuerst kommt, mahlt zuerst. Aber wenn ein Mensch kommt, der sich offenbar kaum auf den Beinen halten kann, dann *verzichte* ich eben auf mein Recht. Es ist vorbildlich, dass Daniela ihr Recht auf ein bereitgestelltes Getränk nicht resolut einfordert, sondern erst einmal hinschaut und abwägt: „Karl sagt, dass er müde ist - ich bin auch müde. Er ist müde, aber er ist nicht krank. Den Fuß verstaucht hat er sich auch nicht. Es schadet ihm kein bisschen, wenn er noch in den Keller geht. Er hat bloß keine Lust. Wir haben es vereinbart. Es gibt keinen Grund, warum er es nicht tun soll, obwohl er müde ist." Aber weil sie hinschaut, kann sie ihm im anderen Fall gern auch einen Gefallen tun und auf ihr Recht verzichten.

 *Achtung: Situationstyp „Sympathiewerbung" befindet sich im Grenzgebiet zur Unehrlichkeit!*

Es gehört zum Charme einer Partnerschaft, Bedürfnisse nicht immer direkt zum Ausdruck zu bringen. Hinter jedem Gänseblümchen, das ich dem Menschen pflücke, den ich liebe, steckt ja ein Bedürfnis: Ich sehne mich nach deinem Lächeln, deiner Anerkennung, nach einer zärtlichen Geste. Ich könnte das Gänseblümchen natürlich auch ungepflückt lassen und stattdessen ganz offen und unmissverständlich sagen: Ich möchte von dir in den Arm genommen werden und ich möchte hören, dass du mich sehr magst. Die Variante „Gänseblümchen" ist missverständlicher, aber vielleicht auch lebendiger, oder? Wir sollten das eine tun und das andere nicht lassen. Ein erotisches Verhältnis bezieht sehr viel Energie aus der Sympathiewerbung. Geschenke, Gefälligkeiten, mitgeteilte Bitten und geäußerter Dank, Höflichkeit, Zettel und Briefe mit lieben Worten und so weiter: Das alles bringt Lebendigkeit, Farbe und Wärme in die Beziehung. Darauf können wir nicht verzichten. Wichtig ist nur, dass wir dabei nicht vergessen: Wir befinden uns im Grenzgebiet. Jenseits der Grenze verwandelt sich Situationstyp „Sympathiewerbung" in Manipulation!

Die Einhaltung der Grenzen kann uns leichter fallen, wenn wir genau zwischen „Wunsch" und „Recht" unterscheiden:

Situationstyp	Du	Ich
Recht durchsetzen	Wunsch	Recht
Beziehung	Wunsch	Wunsch
Um Sympathie werben	Recht	Wunsch

Ein Wunsch ist kein Befehl! Wir haben in einer Partnerschaft *kein* Recht auf die Erfüllung unserer Wünsche. Aber wir haben ein Recht darauf, dass der Partner unsere Wünsche anhört, versteht und akzeptiert. Wir können gern unser Recht beanspruchen, es steht uns zu. Aber wir sollten dabei auch den Wunsch des Gegenübers nicht ignorieren. Wir müssen ihn nicht erfüllen, aber der andere hat ein Recht darauf, dass wir ihn ernst nehmen. Manchmal werden wir dann zwar erkennen, dass es Unrecht wäre, wenn wir auf unserem Recht beharren würden - Unrecht, weil es einfach zu unbarmherzig, unmenschlich, lieblos wäre. Aber nur manchmal.

Wenn wir uns auf der Beziehungsebene verständigen, geht es vor allem um unsere Bedürfnisse. Sie sind die Quellen unserer ehrlichen Wünsche. Jeder Wunsch, der aus einem echten Bedürfnis hervorgeht, verbindet sich mit dem Recht, darin ernst genommen zu werden. Mit dem geäußerten Wunsch teile ich dir dann mit, was ich *brauche*. Ich habe kein Recht darauf, es von dir zu fordern, aber ich wäre doch sehr dankbar, wenn du es mir geben könntest, weil ich sonst, mehr oder weniger, in Not bin.

„Wir haben ein Recht darauf, dass der Partner unsere Wünsche anhört, versteht und akzeptiert."

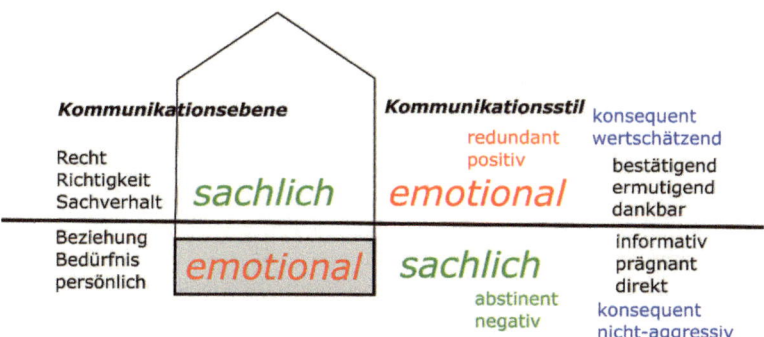

Kommunikationsebene		Kommunikationsstil	
Recht Richtigkeit Sachverhalt	*sachlich*	*emotional* redundant positiv	konsequent wertschätzend bestätigend ermutigend dankbar
Beziehung Bedürfnis persönlich	*emotional*	*sachlich* abstinent negativ	informativ prägnant direkt konsequent nicht-aggressiv

Abbildung 10: Das Paradox des angemessenen Kommunikationsstils

Auf der Beziehungsebene geht es um emotionale Themen, weil sich unsere Bedürfnisse emotional bemerkbar machen. Wenn wir von unseren Bedürfnissen reden, dann reden wir darum automatisch auch von unseren Emotionen, und umgekehrt ist es genauso.

Wenn wir uns partnerschaftlich verständigen, geht es genauso um deine Bedürfnisse wie um meine. Besonders bei Konflikten unterscheiden sich unsere Bedürfnisse in Bezug zu einer Situation, mit der wir beide konfrontiert sind. Du wünscht dir hinsichtlich dieser Situation dies, ich wünsche mir das. Wenn wir uns verständigen, nehmen wir unsere Bedürfnisse und die damit verbundenen Emotionen gegenseitig ernst, und wenn die Bedürfnisse in der Angelegenheit nicht übereinstimmen, suchen wir nach guten Kompromissen.

Bei Situationstyp „Sympathiewerbung" steht für eine bestimmte Angelegenheit das Bedürfnis des einen Partners dem Recht des andern gegenüber: Ich habe sachlich recht, du hast emotional ein Bedürfnis. Bei Situationstyp „Recht durchsetzen" ist es spiegelbildlich, auch wenn das Bedürfnis der Person, auf deren Seite jetzt nicht das Recht ist, gerade keinen Vorrang hat oder nicht zum Vorschein kommt. Vorhanden ist es schon. Ganz sicher lässt sich sagen, dass wir auf jeden Fall das Bedürfnis haben, nicht gedemütigt zu werden, wenn das Recht nicht auf unserer Seite ist.

Aus dem allem ergibt sich, dass der optimale Kommunikationsstil auf der Beziehungs- und auf der Sachebene paradox erscheint (Abbildung 10): Wenn es um Sachliches geht, um Recht und Richtigkeit, sollten wir darauf achten, den Schwerpunkt auf betonte emotionale Wärme zu legen, weil wir von vornherein mit dem Bedürfnis des Gegenübers rechnen, nicht gedemütigt zu werden, also auf überzeugende Weise Wertschätzung zu erfahren. „Redundant positiv" meint: Lieber zuviel in Wertschätzung investieren als zu wenig. Nur muss das im Rahmen der Ehrlichkeit bleiben. Wenn es aber um die Verständigung auf der emotionalen Beziehungsebene geht, ist es wichtig, dass wir unsere Bedürfnisse und Gefühle so klar verständlich wie möglich kommunizieren, und das heißt: so *sachlich* wie möglich. Wenn Emotionalität die Äußerung bestimmt, wird das Verstehen dadurch erschwert, besonders wenn es sich um einen aggressiven oder ironischen Ton oder Unterton handelt. Du kannst am besten bei dir ankommen lassen, was ich dir ganz persönlich über meine Gefühle und Bedürfnisses sage, wenn ich es rein informativ mitteile. Bei negativ empfundenen Gefühlen achte ich darum sorgsam darauf, auf alles zu verzichten, was bei dir als Angriff oder Vorwurf ankommen könnte, und wenn mir das im Augenblick noch nicht möglich ist, weil ich zu sehr aufgewühlt bin, gönne ich es uns beiden, dass sich die Wogen erst mal etwas legen. Genauso versuche ich aber auch nicht, um deine Sympathie zu werben, indem ich dich emotional bearbeite, mit zweifelhaften Schmeicheleien oder sentimentalen Appellen.

Die Macht der Gewohnheit sträubt sich dagegen, dem Wegweiser zu Verständigung zu folgen. Alle Teufelskreise drehen sich von selbst, aber den Engelskreis müssen wir erst mühevoll in Gang bringen. Doch spätestens wenn die ersten Schritte getan und die ersten ermutigenden Erfolgserlebnisse eingetreten sind, fängt er an, Freude zu machen. Betrachten wir diesen Weg nun im Einzelnen. Drei Etappen sind zu bewältigen:

▸ Die Konfliktbereiche erkennen und ordnen.
▸ Das Fundament der Verständigung legen.
▸ Sachliche Lösungen finden.

Die Konfliktbereiche erkennen und ordnen

Der Partnerschafts-TÜV

Jeder Ozeandampfer muss immer wieder mal auf's Trockendock. Wenn er jahrelang durch Sturm und Wellen gefahren ist und den Erosionskräften der Weltmeere ausgesetzt war, ist es ganz normal, dass mit der Zeit manches erneuerungsbedürftig wird. Mit der Partnerschaft ist es ähnlich. Aber viele warten zu lang. Sie denken: Es wird schon irgendwie und es gibt ja auch noch so viel Positives. Das Wasser dringt noch nicht durch die Ritzen, wir sind noch einigermaßen gut unterwegs. Statt den Abwärtstrend zu stoppen und das Niveau der Partnerschaft endlich wieder deutlich zu heben, schrauben sie ihre Ansprüche immer weiter herab. Bis es zu spät ist. Der Rost frisst langsam und im Verborgenen.

Wenn die Partnerschaft in die Krise kommt, wenn die Stürme toben, geht oft der Blick dafür verloren, welche Probleme eigentlich wirklich zu lösen wären. Zu stark ist der Sog der kommunikativen Teufelskreise. Man kommt gar nicht mehr zum vernünftigen Nachdenken, weil man sich ständig in Vorwürfen und Gegenvorwürfen verliert. Aber auch bei ganz ruhiger Fahrt frisst der Rost: Man hat sich arrangiert, man macht sich gegenseitig etwas vor, man achtet zu sehr auf die Fassade, den äußeren Eindruck, und zu wenig auf den tatsächlichen Zustand der Beziehung. Man ignoriert die Warnzeichen, spielt sie herunter. Und auf einmal bricht die Roststelle durch, wird zum Leck, das Schiff bekommt Schlagseite, die Not ist groß. Kaum eine Partnerschaft scheitert daran, dass sie wie die Titanic plötzlich auf einen Eisberg läuft. Meist bahnt sich der Bruch ganz allmählich an. Es sind viel weniger die großen Crashs, an denen Partnerschaften kaputt gehen, als der Mangel an sorgsamer Wartung. Manche suchen erst dann Hilfe, wenn es nicht mehr geht, weil aus den Roststellen sehr bedenkliche Lecks geworden sind. Kurz vor dem Untergang funken sie „SOS". Leider kann die Paarberatung dann nicht selten nur noch darin bestehen, die Schiffbrüchigen dabei zu unterstützen, wieder Boden unter den Füßen zu bekommen, den Weg aus der gescheiterten Ehe heraus in eine neue Existenz hinein zu finden.

„Kaum eine Partnerschaft scheitert daran, dass sie wie die Titanic plötzlich auf einen Eisberg läuft. Meist bahnt sich der Bruch ganz allmählich an."

Trockendocks ermöglichen es, ein Schiff von allen Seiten zu betrachten und auch das genau in Betracht zu ziehen, was sonst dem Blick verborgen bliebe. Darum geht es zunächst: Einen Überblick zu gewinnen, der alle kritischen Punkte erfasst. Es hilft ja nichts, wenn man ein relativ kleines Leck geortet hat und es flickt, während auf der anderen Seite des Schiffs ein viel größeres unerkannt bleibt. Gönnen Sie Ihrer Partnerschaft darum zuerst einmal eine sorgfältige Diagnostik. Eine sehr gute Hilfe dafür kann ein Partnerschaftstest sein.

Ein empfehlenswerter wissenschaftlich gegründeter und sehr bewährter Test ist *Prepare/Enrich*. Sie brauchen zur Durchführung und Auswertung eine lizensierte Beratungsperson.

www.prepareenrich.eu

Schauen Sie einfach auf der Website, wer für Sie in Frage kommt; Sie können auch mich oder Wolfgang Beck konsultieren (Life Consult, willberg@life-consult, Living Water - ganzheitliche Seelsorge, beck@livingwater-seelsorge.de). Wenn Sie in psychologischer Beratung, Coaching oder Seelsorge tätig sind, können Sie bei mir einen Ausbildungskurs belegen, um selbst die Lizenz zu bekommen.

Die große Stärke des Instruments liegt darin, eine recht genaue und ziemlich objektive Momentaufnahme aller Bereiche, aus denen sich eine Partnerschaft zusammensetzt, aufzuzeigen. Es ist wie beim TÜV: All diese Bereiche werden „abgeklopft" und es wird deutlich, wo

die Stärken und „Roststellen" der Beziehung liegen. Bei auffälligen Schwachstellen ist es nicht ratsam, das Beziehungsgefährt weiter zu gebrauchen, als sei nichts. Es wäre zu gefährlich. Bevor sie nicht ausgebessert sind, gibt es keine „TÜV-Plakette". Erst mal in die Werkstatt!

Übung 2

Notieren Sie mit Ihrer Partnerin oder ihrem Partner, zunächst beide für sich, zu jedem der folgenden Bereiche, ob es sich um eine „Roststelle" oder um eine Stärke Ihrer Beziehung handelt. Worauf gründen Sie die Einschätzung? Tauschen Sie sich darüber aus.

- ▸ Kommunikation
- ▸ Umgang mit Konflikten und Problemen
- ▸ Zurechtkommen mit Persönlichkeitseigenschaften und Gewohnheiten des Partners
- ▸ Umgang mit den Finanzen
- ▸ Gemeinsame Freizeitgestaltung
- ▸ Sexualität
- ▸ Erziehung der Kinder (falls vorhanden)
- ▸ Verhältnis zu Verwandten, Freunden und Bekannten
- ▸ Rollenverständnis
- ▸ Gemeinsam erfahrener Glaube

Das sind auch die Hauptthemen, die im PREPARE/ENRICH-Test gecheckt werden, ausführlich und rein sachlich.

Bei Daniela und Karl ist es so weit: Sie sind am Ende ihres Lateins und entschließen sich zur Paarberatung. Besser wäre es gewesen, wenn sie sich schon früher eine Auszeit genommen hätten, um ihre Ehe auf Vordermann zu bringen. Aber so ist es eben: Hinterher ist man immer schlauer. Aus Erfahrung wird man klug, aus Fehlern lernt man. Ehe ist wie die Entdeckung eines Kontinents. Wenn man schon überall gewesen ist, kann man Karten zeichnen und im Rückblick verstehen, welche Wege man besser nicht gewählt hätte. Natürlich können wir auch aus den Erfahrungen anderer viel lernen. Aber trotzdem fängt jedes Paar bei Null an und muss seinen *eigenen* Weg finden. Und es ist gar nicht so verkehrt, wenn ein junges Paar der Meinung ist: „Das schaffen wir schon. Wir passen besser auf als die anderen. Wir machen nicht dieselben Fehler!" Denn ohne Optimismus kommt man nicht weit. Und dennoch können die Enttäuschungen nicht ausbleiben. Es ist normal, wenn manchmal auch die Probleme übermächtig werden. Ehe ist ein sehr anspruchsvolles Unternehmen. Dass es gelingt, ist alles andere als selbstverständlich, auch dort nicht, wo sich beide redlich Mühe geben. Nach dem Erstgespräch machen die beiden den PREPARE/ENRICH-Test. Dann folgt das Auswertungsgespräch.

Fallbeispiel 04/5: Das Auswertungsgespräch beginnt

„Kommunikation und Konfliktlösung haben ziemlich niedrige Werte bei Ihnen", erklärt die Beraterin im Auswertungsgespräch. „Das ist häufig so. Die anderen Bereiche der Partnerschaft hängen an der Kommunikation wie die Tür in der Angel. Wenn die Angel schief ist, geht die Tür nicht mehr zu, sie kann so mustergültig sein, wie sie will. Aber wenn die Angel gerade ist, schließt auch eine Tür mit vielen Mängeln gut. Logisch ist auch, dass Sie Ihre Konflikte nicht vernünftig gelöst bekommen, wenn es mit der Kommunikation nicht klappt." „Ja, das stimmt", pflichtet Daniela bei, „und das nervt! Jedes mal, wenn ich einen Konflikt anspreche, ist Karl gleich eingeschnappt." „Und wie reagieren Sie dann?" will die Beraterin von ihr wissen. „Ich bin dann natürlich auch sauer, was sonst!" „Dadurch bleiben Sie beide im Beziehungskonflikt hängen und dringen nicht bis zur sachlichen Lösung vor", folgert die Beraterin. Sie wendet sich Karl zu: „Wie erleben *Sie* das?" „Diesen Vorwurf macht sie mir dauernd", antwortet er. Es ist ihm anzumerken, dass er ziemlich wütend ist. „Immer soll ich an allem schuld sein. Ich weiß nicht, ob ich das noch lange mitmache." „Da sehen Sie es!" hält Daniela der Beraterin entgegen, sichtlich erregt, „genau das meinte ich: Sofort ist er eingeschnappt. Ich weiß nicht, was er hat. Ich denke, es liegt an seiner Kindheit." Karl verdreht die Augen: „Jetzt kommt *das* schon wieder." Die Beraterin lässt sie noch eine Weile streiten, dann unterbricht sie: „Mir scheint, dass ich jetzt einen authentischen Eindruck Ihres Problems bekommen habe. Wenn Sie so kommunizieren, scheitern Sie. Genau das ist es, wovon Sie gerade sprachen, Daniela. Sehe ich das richtig?" Beide sind etwas betroffen und schweigen. „Es geht jetzt darum, dass Sie eine ganz andere Art einüben, Konflikthaftes zu besprechen. So, dass Sie nicht mehr in den Teufelskreis der gegenseitigen Anschuldigungen geraten. Stattdessen soll es nur noch dieses eine Motto für Sie geben, wenn Konflikte auftreten: Dass Sie sich verständlich machen, ohne den anderen anzugreifen, und dass sie wirklich verstehen, was der andere sagt und wie er es meint. Ich werde Sie dabei aktiv unterstützen, wie eine Tanzlehrerin, die Ihnen die Schritte beibringt. Sie tanzen selbst, aber ich helfe Ihnen dabei. Bisher haben Sie zu viel kommunikativen Freestyle getanzt, und das dürfen Sie auch gern weiter tun, nur nicht bei Ihren Konfliktthemen. Da funktioniert es nicht mehr. Das geht nur mit dem Tanz der verständigungsorientierten Gesprächsführung. Der hat eine klar geregelte Schrittfolge, nicht schwer zu verstehen, aber auch nicht leicht umzusetzen, weil es Ihnen ganz einfach so ungewohnt erscheint. Aber so ist es ja beim Tanzen auch: Erst kommen einem die Schritte ganz künstlich vor, man ist unsicher, fühlt sich tollpatschig und steif dabei. Man hat Angst, Fehler zu machen. Aber mit der Zeit verinnerlicht man die Schritte und es macht richtig Spaß. In der nächsten Sitzung werden wir damit beginnen. Aber jetzt möchte ich Ihnen zuerst noch das restliche Testergebnis vermitteln."

Die Konfliktbereiche ordnen

Fallbeispiel 04/6: Die Hausaufgabe

Nach der Besprechung der Testauswertung gibt die Beraterin dem Paar eine Hausaufgabe mit: „Sie haben jetzt die Übersicht der Stärken und Wachstumsbereiche Ihrer Beziehung. Nehmen Sie sich bitte noch mal ein Blatt und notieren Sie, beide für sich, worin die konkreten, aktuellen Baustellen Ihrer Partnerschaft bestehen. Das Testergebnis sagt es ja nur ganz allgemein aus: In Ihrem Fall gibt es Baustellen in den Kategorien 'Persönlichkeit', 'Kommunikation', 'Konfliktlösung', 'Sexualität' und 'Glaubensüberzeugungen'. Teilweise haben wir schon darüber gesprochen, worin genau die Probleme Ihrer Beziehung in diesen Bereichen bestehen. Bringen Sie es aber jeweils noch mal für sich selbst auf den Punkt. Vielleicht sehen Sie auch Konflikthaftes in Bereichen, die im Test als Stärken aufgewiesen sind. Notieren Sie auch diese.

Beim nächsten Mal schauen wir uns Ihre Notizen miteinander an und bringen die Themen in eine sinnvolle Reihenfolge. Sie wird sozusagen das 'Inhaltsverzeichnis' der Paarberatung. Ich möchte anhand dieser Themen mit Ihnen verständigungs- und konfliktlösungsorientierte Kommunikation einüben. Die Bereiche ‚Kommunikation' und ‚Konfliktlösung' können Sie übrigens deshalb auf Ihrer Liste weglassen, weil sie jetzt ständig Thema sein werden. Damit haben Sie einen Doppeleffekt: Sie üben Kommunikation und sie lösen dabei gleichzeitig Ihre realen augenblicklichen Probleme. Mit anderen Worten: Wir machen keine Trockenübungen, sondern Sie gehen gleich ins tiefe Wasser."

Fallbeispiel 04/7: Die Problemhierarchie

In der nächsten Sitzung erstellt die Beraterin mit Daniela und Karl ihre *Problemhierarchie.* „Das heißeste Eisen legen wir auf die oberste Stufe der Treppe", erklärt sie. „Beginnen wollen wir mit dem Thema, das Ihnen am wenigsten konfliktbeladen zu sein scheint. Sie sollen sich nicht gleich zu Beginn des Trainings überfordern. Von Stufe zu Stufe werden Sie besser hineinkommen und Sie werden ermutigt sein, auch die heißen Eisen anzupacken. Und wenn Sie dort angelangt sind, werden die vielleicht schon etwas abgekühlt sein. Vorausgesetzt, Sie üben beständig, besonders auch zuhause, und bleiben dran."

Die Problemtreppe von Karl und Daniela sieht so aus:
1. Die Planung des nächsten Winterurlaubs (Kategorie „Freizeitgestaltung")
2. Die Suche nach einer neuen Gemeinde und das gemeinsame spirituelle Leben (Kategorie „Glaubensüberzeugungen")
3. Karls Stimmungsschwankungen (Kategorie „Persönlichkeit")
4. Der Mangel an gemeinsamen Interessen (Kategorie „Freizeitgestaltung")
5. Danielas starkes ehrenamtliches Engagement (Kategorie „Freizeit-

gestaltung")
6. Karls Schweigsamkeit - Danielas Ungeduld (Kategorie „Persönlichkeitseigenschaften")
7. Danielas Wunsch nach Weiterbildung (Kategorie „Rollenverständnis")
8. Karls sexuelle Unzufriedenheit und Danielas Lustlosigkeit (Kategorie
   „Sexualität")

„Super", schließt die Beraterin ab, „jetzt können wir anfangen. Sie
arbeiten jetzt ein Thema nach dem anderen durch. Natürlich kann es
sein, dass sich etwas dazwischen schiebt, das vorübergehend mehr
Aufmerksamkeit beansprucht als die vorgesehenen Themen. Es kann
auch sein, dass Sie sich unterwegs entschließen, ein Thema vorzuzie-
hen. Vielleicht erledigt sich auch das eine oder andere, was Sie für
später geplant hatten, auf dem Weg dorthin. Wir wollen flexibel mit dieser Reihenfolge umgehen. Aber wir wollen uns auch daran halten,
wenn es keinen triftigen Grund gibt, der dagegen spricht."

Übung 3

Erstellen Sie Ihre eigene Problemhierarchie. Formulieren Sie fünf
bis zehn Themen. Vielleicht wollen Sie nun auch miteinander
überlegen, ob Sie sich dafür den Prepare-Enrich-Test gönnen
möchten? Eine lizensierte Beratungsperson gibt es sehr wahrscheinlich auch in Ihrer Nähe. Selbstverständlich können Sie auch
ganz unabhängig von einer Paartherapie den Test machen und
wie beim TÜV ist keineswegs Voraussetzung dazu, dass Sie
ernsthafte Probleme haben.

Das Fundament der Verständigung legen

Die Verständigung und das Verstehen leiden vor allem an unseren Schwierigkeiten, mit unangenehmen *Gefühlen* umzugehen. Wie soll ich dem anderen mitteilen, dass ich mich über ihn ärgere, ohne ihn damit anzugreifen? Das scheint uns oft eine unlösbare Frage zu sein. Aber wir machen uns diese Probleme selbst, weil wir einem sehr weit verbreiteten Kommunikations-Mythos Glauben schenken, der großen Schaden anrichtet. Er behauptet:

▶ „Unangenehme Gefühle sind etwas Schlimmes. Man sollte sie auf keinen Fall haben. Darum soll man auch nicht darüber sprechen."

Tatsache ist jedoch:

▶ Unangenehme Gefühle sind etwas sehr Wertvolles. Ohne unangenehme Gefühle würden wir nie merken, wenn etwas nicht stimmt.

Die meisten Missverständnisse kommen zustande, indem unangenehme Gefühle verschwiegen oder gar nicht erst wahrgenommen werden. Statt sie zum Ausdruck zu bringen, versuchen wir sehr häufig „rein sachlich" zu kommunizieren oder allenfalls die Gefühle in einer stark abgedämpften Formulierung mitzuteilen.

Sich den eigenen Gefühlen stellen

Wenn uns etwas bewegt und beschäftigt, dann zeigt es sich in Gefühlen. Uns beschäftigt nur das, was für uns Bedeutung hat und alles, was für uns Bedeutung hat, bewegt uns als ein Gefühl, sobald es in unser Blickfeld kommt. Gefühle sind also Signale: Sie zeigen an, was für uns gerade Bedeutung hat. Je mehr Bedeutung etwas für uns hat, desto heller leuchtet die Signallampe des Gefühls. Extreme unangenehme Gefühle wie zum Beispiel panische Angst bringen zum Ausdruck, dass wir etwas als Katastrophe bewerten. Wir messen dem Ereignis damit eine überaus große Bedeutung bei.

Bedeutung hat das für uns, worauf wir persönlich Wert legen. Persönlichen Wert hat das für uns, was wir wirklich brauchen oder zu brauchen meinen - *Bedürfnisse* also. Im Fall der Katastrophisierung haben wir starke Angst davor, dass ein Bedürfnis unerfüllt bleibt, das wir für sehr wichtig halten. Das wollen wir unbedingt vermeiden. Die folgende Tabelle gibt Auskunft darüber, was einige wesentliche Gefühle für uns Menschen im Allgemeinen bedeuten und um welches Bedürfnis es dabei jeweils geht (Lazarus,1999).

Gefühle und ihre Bedeutung

Gefühl	Bedeutung des Gefühls	Angesprochenes Bedürfnis
Ärger	Ich fühle mich persönlich angegriffen und gekränkt und dadurch erniedrigt.	Ich möchte mich als Person mit meinen Eigenarten, Stärken, Schwächen, Meinungen und Überzeugungen geschätzt und geachtet wissen.
Angst	Ich fühle mich persönlich bedroht durch etwas, das ich nicht kontrollieren kann.	Ich möchte mich geschützt wissen, weil zuverlässige und wirksame Kontrolle vorhanden ist.
Scham	Ich empfinde, dass ich einem persönlichen Ideal gegenüber versagt habe.	Ich möchte erleben, dass Übereinstimmung besteht zwischen dem Bild, das ich von mir selbst habe, und der Weise, wie ich mich selbst erfahre.
Schuld	Ich empfinde, ein moralisches Gebot übertreten zu haben.	Ich möchte die Sicherheit haben, dass mein Tun und Lassen moralisch korrekt ist.
Traurigkeit	Ich empfinde etwas als unwiederbringlichen Verlust.	Ich möchte den Wert, den ich mit diesem Verlust verbinde, unbedingt lebendig erhalten oder wieder gewinnen, so dass ich mich an ihm freuen kann.
Neid	Ich habe Verlangen nach dem, was (zu) einem anderen gehört.	Ich möchte erleben, dass mein Mangel, den ich im Vergleich mit dem anderen an diesem Punkt spüre, ausgeglichen wird.
Eifersucht	Ich empfinde Abneigung gegen eine dritte Person oder Partei, die mir die Gunst einer anderen, die mir wichtig ist, rauben könnte.	Ich möchte die Gunst dieser für mich wichtigen Person oder Gruppe auf jeden Fall erwerben oder erhalten.
Ekel	Ich fühle mich einem ungenießbaren Gegenstand zu nah (auch im übertragenen Sinn).	Ich möchte mich nur auf Verhältnisse einlassen, die ich annehmen oder wenigstens sinnvoll verarbeiten kann.

Die unangenehmen Gefühle lassen sich letztendlich auf drei Kerngefühle reduzieren (Bodenmann, 2004; Willberg, 2007).:

▸ Angst
▸ Traurigkeit
▸ Ärger

Die anderen unangenehmen Gefühle setzen sich aus einem dieser Kerngefühle und einer jeweils spezifischen Bewertung zusammen. Zum Beispiel kann ein Schuldgefühl in der Angst (Gefühl) vor Strafe (bewertender Gedanke) oder in der Traurigkeit (Gefühl) über einen nicht wieder gut zu machenden Fehler (bewertender Gedanke) bestehen. In Beziehungskonflikten ist das Problemgefühl sehr oft Ärger.

Um das Ziel der Verständigung in Konfliktsituationen zu erreichen, kommt es entscheidend darauf an, wie wir mit unseren eigenen unangenehmen Gefühlen umgehen.

▸ „Ich weiß genau, dass du wieder heimlich trinkst", lautet der erste Satz, den Herr Icks in der Paarberatungssitzung an seine Frau richtet. „Ich sehe es dir an und rieche es auch. Ich weiß nur noch nicht, wo du das Zeug versteckt hältst." Frau Icks springt auf und verlässt ohne ein Wort die Praxis. Das Gespräch ist beendet. Sie kommt auch nicht wieder. Ein halbes Jahr später sind die beiden geschieden.
▸ Frau Ypsilon hat sich heimlich auf eine Liebesbeziehung eingelassen. „Du hast mich so verletzt, dass ich nicht darüber sprechen kann", sagt Herr Ypsilon in der Beratungsstunde. Das Gespräch kommt deshalb nicht in Gang. Herr Ypsilon kann darum aber auch nicht verstehen, wie es zur Affäre seiner Frau kam. „Wie konnte sie mir das nur antun!" Er scheint zu keinem anderen Gedanken fähig zu sein. Es kommt zur Trennung.

▶ Die Beraterin hat mit Ehepaar Zett die Regeln der verständigungsorientierten Kommunikation durchgesprochen. „Es ist ganz wichtig, dass Sie sich daran halten, auch, wenn es schwer fällt", hat sie zuletzt gesagt. „Ich werde Sie immer dann, wenn es Ihnen nicht mehr gelingt, unterbrechen und daran erinnern." Die beiden haben zugestimmt. Aber Sitzung für Sitzung spielt sich dasselbe ab: Wenn er etwas Kritisches sagt, explodiert sie. Sie macht ihm die heftigsten Vorwürfe. Die Einwände der Beraterin ignoriert sie. Nach wenigen Gesprächen warnt Herr Zett: „Ich will mir das nicht mehr anhören. Wenn es so weiter geht, ziehe ich aus." Frau Zett lässt sich nicht bremsen. Ihr Mann zieht aus und die Beratung bricht ab.

Der unangemessene Umgang mit den eigenen Emotionen ist die Achillesferse der Verständigungsarbeit. Frau Icks, Herr Ypsilon und Frau Zett sitzen drei Irrtümern auf. Sie sind der Meinung,

▶ dass sie zu ihrer Gefühlsreaktion *gezwungen* sind,
▶ dass ihr Partner (oder auch die Lebensumstände usw.) für diese Gefühlsreaktion verantwortlich ist und nicht sie selbst,
▶ dass sie am günstigsten damit fertig werden, wenn sie dieses starke Gefühl dem Gegenüber *nicht* informativ mitteilen, um zu einer Klärung ihres emotionalen Konflikts zu gelangen.

➜ *Wie oft wir auch so etwas denken mögen und wie stark auch unser Gefühl des Verletztseins ist: Es hilft trotzdem nicht, so zu reagieren. Es hat nur destruktive Folgen.*

Konstruktive Gedanken sehen so aus:

▶ Niemand zwingt mich, so zu reagieren. Ich entscheide mich selbst dafür.
▶ Ich bin ganz allein dafür verantwortlich, wenn ich so reagiere.
▶ Durch meinen Verzicht auf eine friedliche Klärung meiner Reaktion trage ich aktiv dazu bei, dass der Konflikt schwerer und komplizierter wird.
▶ Wenn ich mein Gegenüber angreife oder mich ihm gegenüber verschließe, erhöhe ich die Wahrscheinlichkeit, dass es sich mir gegenüber ähnlich verhält.
▶ Wenn nicht einer von uns rechtzeitig aussteigt, wird sich das aufschaukeln und der Konflikt wird möglicherweise eskalieren. Dieser eine bin am besten ich selbst.

Die Wahrheit ist, dass nicht die oder der *andere* (die anderen, das Leben usw.) ein Problem *ist*, sondern dass *ich* ein Problem *habe,* und zwar ein emotionales. Um mich verständlich zu machen, muss

Abbildung 11: Der Balken im Auge

Abbildung 12: Das wahre Problem

ich darum so klar wie möglich mein Problemgefühl erkennen und benennen, ohne mein Gegenüber anzugreifen (Abbildungen 11 und 12).

Vielleicht hat sich mein Gegenüber völlig unangemessen verhalten und ein gewisses Maß an Ärger wird mir helfen, das nicht einfach mit mir machen zu lassen. Um die Situation aber überhaupt richtig beurteilen zu können, muss ich erst einmal dafür sorgen, dass mir das aggressive Gefühl nicht mehr im Genick sitzt und mächtig dazu antreibt, aggressiv zu reagieren. Solange ich von diesem Gefühl beherrscht bin, wird es der Balken in meinem Auge sein, der mich blind für die Wirklichkeit macht. Ich verlagere das Problem völlig auf mein Gegenüber und halte mich für berechtigt oder sogar verpflichtet, es anzugreifen, ohne darüber nachgedacht zu haben, was der Situation entsprechend angemessen wäre, wenn ich das Problem sachlich betrachten würde. Dazu muss ich aber erst einmal etwas Abstand gewinnen und mir anschauen, was mit mir selbst los ist. Indem ich mich dazu entschließe, lasse ich mich nicht mehr von der Aggression treiben. Dadurch verliert das Gefühl etwas von seiner Stärke. Je mehr es mir gelingt, es vernünftig zu reflektieren, desto weniger sitzt es mir im Genick. Es ist gut möglich, dass es dadurch sogar ganz verblasst.

In vielen Fällen reicht dieser Akt der Selbstdisziplin aus, dass ich nicht nur wieder Frieden mit mir selbst habe, sondern auch mit meiner Partnerin oder meinem Partner. In vielen anderen Fällen bleibt aber eine Unsicherheit und ein Vorbehalt zurück, weil ich immer noch fantasiere, dass mein Gegenüber unakzeptabel unfair mit mir umgegangen ist. Ich weiß noch gar nicht, wie das Problem aus ihrer oder seiner Perspektive aussieht.

Es kommt darauf an, um welchen Situationstyp es jetzt gehen soll. Situationstyp „Recht durchsetzen" ist in einer solchen Lage nur angebracht, wenn es unverantwortlich und selbstschädigend wäre, eine berechtigte Kritik zu verschweigen. Wenn das sozialkompent gelingen soll, muss ich aber genügend Abstand zu meinem Gefühl bekommen haben, um nicht mehr davon angetrieben zu sein und darum auch nicht unnötig aggressiv aufzutreten. Sachlich mag es angebracht sein, Klartext zu reden, aber unbedingt auf konstruktive Weise, ohne Vorwurf und auch ohne ironische Sticheleien und Anspielungen.

Wenn ich mich jetzt mit meinem Gegenüber partnerschaftlich auf der Beziehungsebene verständigen möchte, wähle ich vernünftigerweise dafür den Kommunikationsmodus der *Ich-Botschaft*, statt ihr mit einer *Du-Botschaft* entgegenzutreten. Ich gehe das Thema in Form einer Information an: „*Ich* habe ein Problem: *Ich* ärgere *mich*. Ich sage das nicht, um dir einen Vorwurf zu machen, sondern um dich zu *informieren*. Denn ich möchte, dass du mir hilfst, mit meinem Ärger zurechtzukommen." Wenn ich das Problemgefühl in die Form eines Vorwurfs kleide, muss mein Gegenüber das Kunststück schaffen, sich gleichzeitig dagegen zu schützen und trotzdem die Information herauszuhören, um nun auf sie statt auf den Vorwurf zu antworten. Dazu bedarf es einer hohen Souveränität, die kaum jemand spontan aufbringt, wenn er unmittelbar angegriffen wird. Denn es ist zwar nicht optimal, aber doch ziemlich natürlich, wenn wir erst einmal Deckung suchen und zurückschießen, um uns zu verteidigen.

Wenn wir die Form des Vorwurfs wählen, sind wir negativ auf den andern konzentriert. Darum beschränken wir uns in solchen Situationen auch meist darauf, unser eigenes emotionales Problem und die Beweggründe in uns dafür nur anzudeuten: „Du hast mich sehr verletzt!" sagt man dann zum Beispiel und meint dabei sogar, der Partnerin oder dem Partner eine klare Auskunft über sein Gefühl zu erteilen. Aber durch diese Äußerung erfährt das Gegenüber nur sehr wenig davon. Es kommt nicht zur Sprache,

▸ wie dieses „Verletztsein" sich tatsächlich für dich anfühlt,
▸ woran genau du Anlass nimmst, wenn du so gekränkt reagierst und
▸ welche Gedanken und Fantasien über den Anlass in dir rumoren.

Du magst denken, dass dies alles doch ganz klar sei - aber genau an dieser Vorstellung, es müsse dem anderen doch ganz klar sein, warum ich so und nicht anders reagieren kann, entstehen unendlich viele Missverständisse. *Nichts* ist klar, wenn nichts geklärt ist!

„Nichts ist klar, solange nichts geklärt ist!"

Fallbeispiel 06: Es ist nicht so eindeutig, wie es scheint

Kommen wir noch einmal auf die Affäre von Frau Ypsilon zu sprechen. Dass ihr Mann vorwurfsvoll ihr sagt: „Du hast mich tief verletzt!" ist verständlich, aber die beiden werden nur wieder zusammenfinden können, wenn sie sie emotional auf der Beziehungsebene verständigen. Vielleicht kann Herr Ypsilon sogar selbst damit beginnen. Am besten schaut er sich sein eigenes Problem zunächst selbst an: Ist das „Verletztsein" ohnmächtige Wut? Oder tiefe, schmerzvolle Trauer? Oder ein anderes Gefühl? Woran nimmt er Anlass, so zur reagieren: Daran, dass er jetzt allein ist? Daran, dass er jetzt einen Konkurrenten hat? Oder daran, dass sein Traum von der glücklichen Partnerschaft geplatzt ist? Oder woran sonst?

In Wirklichkeit hat nicht sie ihn durch ihr Verhalten verletzt, sondern er *intrepetiert* ihr Verhalten als massive Verletzung. Warum? Was geht ihm durch den Kopf? Welche Fantasien über ihre Beweggründe?

Das alles muss sie erraten, wenn er es ihr nicht sagt. Und weil es selbst bei einem scheinbar so „eindeutigen" Fall ein ziemlich breites Spektrum von Deutungsmöglichkeiten gibt, kann das Raten ganz schön daneben gehen. Ihre Fantasien über sein „Verletztsein" mögen durchaus ähnlich sein wie seine: „Es scheint ihm nicht sehr viel an unserer Beziehung zu liegen. Sonst würde er doch mit mir darüber sprechen wollen! Es ist ihm anscheinend recht, wenn wir beide unsere eigenen Wege gehen. Eine Verständigung will er jedenfalls nicht." „Ich bin ihm nicht wichtig. Er lässt mich fallen. Er interessiert sich ja gar nicht für meine Beweggründe." „Ich bin abgestempelt für ihn - die böse Ehebrecherin. Über seinen Anteil daran, dass unsere Partnerschaft schief ging, will er wohl nicht nachdenken."

Durch indirekte, unklare Informationen über das Problemgefühl und sein Zustandekommen entstehen Brutstätten des Missverstehens. Besonders verhängnisvoll wird der Verzicht auf verbale Äußerungen zugunsten *nonverbaler* Mitteilungen sein, weil diese besonders missverständlich sein können. Viele denken: „Wenn ich es erst sagen muss, worin das Problem liegt, beweist es doch, dass er nichts kapiert und sich überhaupt nicht dafür interessiert." Aber das ist nicht logisch. Er kann meine Gedanken nicht lesen! Und genauso gut kann der Partner oder die Partnerin jetzt auch über mich denken: „Wenn sie nichts sagt, hat sie ja wohl kein Interesse daran, Verständigung herzustellen."

Der Verzicht auf die klare, direkte Mitteilung des Problemgefühls führt auch sehr häufig zur *Verharmlosung* des Problems: „Du hast nichts gesagt - woher sollte ich denn wissen, dass es dich so getroffen hat?" „Du hast gesagt, dass du ein bisschen enttäuscht bist. Ich habe das für bare Münze genommen. Woher sollte ich wissen, dass Du in Wirklichkeit sehr wütend warst?"

Hören und Verstehen

Wenn wir nicht klären, ob das, was wir verstanden haben, auch *gemeint* war, werden wir sehr häufig unweigerlich Opfer unserer zweifelhaften Fähigkeit des „Gedankenlesens". Verstehen ist in der Regel Folge einer *Verständigung*. Diese geschieht nicht automatisch, sondern indem sich beide Gesprächspartner darum *bemühen*. Verstehen ist mehr als das sachlich korrekte Erfassen von Worten. Das meinen wir, wenn wir zum Beispiel sagen: „Der Ton macht die Musik". Es kommt nicht nur darauf an, *was* gesagt wird. Noch wichtiger für das Verständnis kann sein, *wie* es gesagt wird. Wir hören nicht nur das *Gesagte*, sondern auch das, was „mitschwingt", nämlich das *Gemeinte*. Zum Problem kann dabei werden, dass (abgesehen von rein sachlichen Aussagen wie „Es ist 16.15 Uhr") im Gemeinten einerseits die eigentliche *Bedeutung* des Gesagten liegt, dass diese andererseits aber sehr oft nur undeutlich kommuniziert wird. Un-deutlich heißt: nicht klar zu deuten, also missverständlich. Der emotionale Inhalt einer Äußerung teilt sich non-verbal mit, was bedeutet: nicht durch den Wortlaut selbst, sondern durch den Klang der Stimme, die Körperhaltung, Mimik und Gestik und besonders auch durch den Zusammenhang, in dem etwas gesagt wird. Dieser ist sehr oft für den Gesprächspartner nicht klar ersichtlich.

Ist bei mir wirklich das angekommen, was du absenden wolltest? Es gibt nur *einen* Weg, das zu garantieren: Sie müssen die Mitteilung des Partners noch einmal mit eigenen Worten wiederholen - „paraphrasieren" sagt man dazu auch. Wenn es um Beziehungsangelegenheiten geht, ist das Paraphrasieren unverzichtbar. Es lohnt sich sehr, es sich anzugewöhnen. Natürlich kann man alles übertreiben. Man muss nicht *jede* Äußerung wiederholen. Aber für die Verständigung ist zu viel des Guten in dieser Hinsicht viel besser als zu wenig. Achten Sie einmal darauf, wie selten Sie in Gesprächen ganz sicher sein können, wirklich verstanden zu haben, was Ihr Gegenüber sagte und wirklich von ihm verstanden zu sein. Wir reden ungeheuer oft aneinander vorbei und sehr vieles, was wir sagen und hören, geht auf dem Weg zwischen Sender und Empfänger verloren. Die Regeln sind eigentlich einfach, aber sie brauchen zur Umsetzung Disziplin. Man kann sich das angewöhnen, dann fällt es viel leichter.

1. Lassen Sie den Partner ausreden. Unterbrechen Sie ihn nur, wenn Sie nicht mehr folgen können, weil es zu komplex oder zu lang wird.

2. Konzentrieren Sie sich zunächst nur darauf, zu verstehen, was er oder sie sagt. Lassen Sie es wirklich bei sich ankommen!
3. Fassen Sie in eigenen Worten zusammen, was Sie verstanden haben.
4. Verzichten Sie dabei ganz auf Interpretation, Rechtfertigung und Verteidigung.
3. Stellen Sie sicher, ob Ihr Gegenüber sich dadurch verstanden *fühlt*. Geben Sie ihm die Gelegenheit, Ihnen mitzuteilen, ob Sie wirklich das wiedergeben haben, was es gemeint hat.
4. Äußeren Sie jetzt erst, was Sie selbst darüber denken.

Wenn durch das, was Ihr Gegenüber gesagt hat, ein unangenehmes Gefühl bei Ihnen entstanden ist, dann teilen Sie ihm das ebenfalls mit, in Form einer informativen Ich-Botschaft. Bitten Sie es, das wiederum in eigenen Worten zusammenzufassen, damit auch für Sie selbst ganz klar wird, dass sie verstanden wurden.

Übung 4 - zu zweit

Als Daniela vergnügt von einem Plauderstündchen mit ihrer Freundin zurückkommt und Karl einige Neuigkeiten erzählen möchte, reagiert er unwillig und missmutig darauf. Daniela deutet das Verhalten als Desinteresse ihres Mannes und zieht sich gekränkt zurück. Karl merkt das und ist seinerseits gekränkt, weil er sich zu Unrecht von ihr bestraft fühlt. Was Daniela nicht wusste: Gerade war im Fernsehen ein spannendes Fußballspiel zu Ende gegangen, das Karls Lieblingsmannschaft durch ein Tor in der letzten Spielminute verloren hatte.

Schlüpfen Sie in Danielas und Karls Rolle und lösen Sie den Konflikt konstruktiv. Wenden Sie konsequent die Regeln der Ich-Botschaft und des Paraphrasierens an.

„Wir reden ungeheuer oft aneinander vorbei."

Eine entscheidende Bedeutung dafür, dass Verstehen zustande kommt, hat die *Wertschätzung* dem Gesprächspartner gegenüber. Ich meine damit eine Haltung der Achtung und des Respekts, die in der Art und Weise, wie wir miteinander reden, überzeugend zum Ausdruck kommt. Wertschätzung ist garantiert, wenn wir uns sorgfältig an die Goldene Regel halten.

„Ist es nicht merkwürdig", überlegt der Verhaltensforscher Arnold Lazarus, „daß man völlig unbekannte Leute freundlich und höflich behandelt, während man die Menschen, die einem am nächsten stehen, mit Füßen tritt?" (Lazarus, 1997, S.56). Ja, es ist wirklich merkwürdig. Denn je größer die Nähe ist, desto größer ist auch die Verletztlichkeit. In einer engen Beziehung hat darum die Achtung der Würde des anderen noch höhere Bedeutung als in anderen Beziehungen. Damit spreche ich mich weder gegen Spontaneität und Emotionalität noch gegen den Mut zur Äußerung von Meinungsverschiedenheiten aus. Wenn Friede und Höflichkeit zu tyrannischen Mussforderungen werden, verschmelzen sie zur Friedhöflichkeit. Man kann aber auch mit Wertschätzung emotional sein und Konflikte austragen. Und wenn man die Kontrolle verloren hat, kann man sich entschuldigen und es danach besser machen.

„Konstruktiv geklärte Verstimmungen stärken die Beziehung wahrscheinlich mehr als alles andere."

Anlass, Bewertung und emotionale Reaktion

Jede emotionale Reaktion besteht aus drei Komponenten, und wenn wir eine vollständige Information darüber geben wollen, müssen wir alle drei so präzise wie möglich benennen:

A Es gibt einen Anlass für meine Reaktion.

B Ich bewerte diesen Anlass.

C Durch diese Bewertung entsteht ein Gefühl. Bewertung und Gefühl miteinander bewegen mich zu einem bestimmten Verhalten, mit dem ich auf den Anlass antworte.

Problematische emotionale Reaktionen bewegen uns zu Verhaltensweisen, durch die wir uns und andern Schaden zufügen, statt uns nach der Goldenen Regel um die Erfüllung ihrer und unserer eigenen Bedürfnisse zu bemühen. Wer übermäßig Angst hat und sich von der Angst beherrschen lässt, weicht aus, wo es besser wäre, sich mutig der Herausforderung zu stellen. Wer traurig ist und sich ganz davon vereinnahmen lässt, gibt auf, weil er denkt, ja doch verloren zu haben, und verpasst womöglich gute Chancen. Wer sich ärgert und diesem Gefühl zu viel Raum gibt, greift allzu leicht und auf unfaire Weise sein Gegenüber an.

Je stärker das Problemgefühl ist, desto mehr Kraft benötigen wir, um dem Verhaltensimpuls zu widerstehen. Wenn wir nur versuchen, ihn zu unterdrücken, hilft es wenig, weil wir dann in uns selbst gespalten sind: Zum Beispiel ärgern wir uns, aber wir tun so, als wäre nichts. Dazu müssen wir viel Energie aufbringen - und das bedeutet viel Stress. Problemgefühle mit Stress zu bekämpfen ist aber so, als würde man Öl aufs Feuer gießen, um es zu löschen. Denn Problemgefühle *sind* schon Stress und mit noch mehr Stress verringern sie sich ganz bestimmt nicht. Leicht erregbare Menschen, die ihre Gefühle nicht akzeptieren, mögen zwar sehr kontrolliert wirken, aber sie erzeugen sich selbst großen Druck, und oft platzen sie regelrecht. Das tut weder ihnen noch ihren Mitmenschen gut. Wir können mit Gefühlen nur dann sinnvoll umgehen, wenn wir sie akzeptieren. Unangenehme Gefühle haben den guten Sinn, uns anzuzeigen, dass etwas nicht stimmt. Wenn wir darauf acht geben, können wir die Unstimmigkeit klären. Das bringt uns immer ein Stück weiter. In der Partnerschaft stärken konstruktiv geklärte Verstimmungen die Beziehung wahrscheinlich mehr als alles andere.

Bei jeder Herausforderung (A) stehen uns zwei grundsätzliche Alternativen zur Verfügung: Wir können sie *er*mutigend oder *ent*mutigend bewerten. Wir selbst entscheiden über die Weichenstellung.

Fallbeispiel 04/8: Die Problemhierarchie

Als Daniela und Karl die erste Stufe ihrer Problemhierarchie bearbeiten, die Planung des nächsten Winterurlaubs, sprudelt Daniela mit ihren Vorschlägen heraus. Sie hasst die Kälte und möchte darum unbedingt nach Fuerteventura. Karl hört geduldig zu, jedenfalls dem Anschein nach. Aber die Beraterin hat den Eindruck, dass Karl sich dabei gar nicht wohl fühlt. Darum unterbricht sie die beiden: „Karl, was empfinden Sie jetzt?" „Ich weiß schon, er ärgert sich wieder", antwortet Daniela an Karls Stelle. „Wenn Sie gerade mal abwarten und Ihren Mann selbst überlegen lassen", wehrt die Beraterin freundlich ab. „Wie geht es Ihnen mit diesen Vorschlägen Ihrer Frau? Was empfinden Sie?" „Nicht so besonders", antwortet Karl. „Was bedeutet das?" „Wenn ich sage, was *ich* gern machen würde..." Karl zögert. „Hört sich an wie Angst", vermutet die Beraterin. „Ach, Angst, ich weiß nicht... Es ist halt so: Sie akzeptiert das ja sowieso nicht. Also fliegen wir nach Fuerteventura. Dann haben wir wenigstens Frieden."

Die Beraterin lässt nicht locker: „Wenn Sie denken 'Sie akzeptiert das sowieso nicht' - wie fühlt sich das an?" „Irgendwie hoffnungslos", überlegt Karl. „Deprimiert. Ich komm' ja doch nicht zum Zug." Die Beraterin geht an die Tafel und zeichnet die Aussagen in ein Schema ein (Abbildung 13). „Der Pfeil ganz links", kommentiert sie, „zeigt an, dass diese Reaktionsweise zu einem Teufelskreis führen kann, zu einer 'Sich-selbst-erfüllenden Prophezeiung'. Das funktioniert so: Sie gehen davon aus, dass Ihre Frau Ihre Vorstellungen von Urlaub sowieso nicht akzeptieren wird. Deshalb bringen Sie Ihre Vorstellungen gar nicht erst zur Sprache. Sie machen also den Vorstellungen Ihrer Frau ganz den Weg frei. Verständlicherweise füllt sie dann diesen Raum auch aus. Dadurch sehen Sie sich aber wieder darin bestätigt, dass Sie nicht zum Zug kommen. Und immer so weiter ..." „Ja, genau", pflichtet Daniela bei, „du hast doch selbst gesagt, dass es dir nicht so wichtig ist, wohin wir gehen. Aber als wir dann letztes Jahr auf die Kanaren geflogen sind, warst Du mit nichts zufrieden." Und zur Beraterin gewandt fügt sie hinzu: „Das gab einen Riesenkrach damals. Ich war so was von wütend." „Sie haben jetzt die Gelegenheit, es anders zu machen", erwidert die Beraterin. „Aus der Entmutigungsvariante entstehen Unverstandensein, Streit und neue Entmutigung. Wenn Sie jetzt sozusagen die Karten neu mischen - was soll denn optimalerweise bei der Urlaubsplanung herauskommen, aus Ihrer Sicht?" „Ich weiß schon", sagt Daniela spöttisch, „für dich gibt es ja nur eines: Skifahren und noch mal Skifahren."

„Ich habe jetzt ein Problem", antwortet Karl. „Ich ärgere mich, weil ich mich nicht von dir ernst genommen fühle. Ich habe genauso ein Recht auf meine Urlaubsvorstellungen wie du." „Entschuldigung, das war nicht okay von mir", gibt Daniela zu.

„Ich freue mich darüber, wie Sie jetzt mit diesem Konflikt umgegangen sind", kommentiert die Beraterin. „So können Sie sich verständigen! Darf ich jetzt noch mal zu meiner Frage zurückkommen, Karl?" „Ich möchte nicht einfach meinen Kopf durchsetzen", stellt er fest. „Optimal wäre ein guter Kompromiss." „Dann kann ich das schon mal in das rechte untere Feld schreiben", schlägt die Beraterin vor (Abbildung 13). „Und was müssen Sie zu sich selbst sagen, um im Gespräch mit Ihrer Frau zielstrebig darauf hinzuarbeiten?" Karl muss nicht lang überlegen: „Ich habe ein Recht auf meine eigene Meinung". „Fehlt nur noch das alternative 'C'. Wenn Sie sich das bewusst machen und es sich jetzt, in dieser Urlaubsbesprechung, vorsagen - was für ein Gefühl machen Sie sich damit?" Karl lacht. „Ein mutiges, denke ich mal. Ja, klar, dann vertrete ich meinen eigenen Standpunkt." Daniela atmet auf: „Ich hab's mir so gewünscht, dass du mal wirklich sagst, was du willst." Karl schaut sie verwundert an. „Ihre Frau freut sich offensichtlich darüber, wenn Sie mutig Ihren eigenen Standpunkt vertreten", bemerkt die Beraterin. „Was würden Sie sich denn von Ihrer Frau zur Unterstützung dafür wünschen?" „Dass du nicht darüber spottest, dass ich gern Skifahren würde", antwortet Karl zu Daniela gewandt. „Dass du mich stattdessen zu meinem eigenen Standpunkt ermutigst." „Das gelingt am besten, wenn Sie beide so verständlich und direkt wie möglich ausdrücken, was Sie jeweils gerade bewegt, und wenn sie sich aktiv darum bemühen, den anderen aus seiner Perspektive zu verstehen", ergänzt die Beraterin.

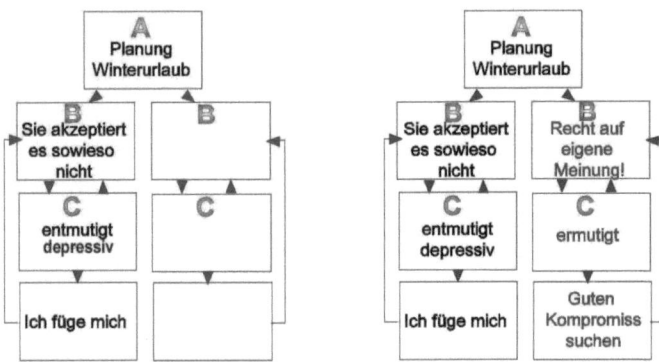

Abbildung 13: Eine Alternative für ungünstige ABCs finden (Schema nach Hinsch, Pfingsten, 1998).

> *„Wir können mit Gefühlen nur dann sinnvoll umgehen, wenn wir sie akzeptieren."*

Übung 5

In den folgenden Szenen (nach Hinsch, Pfingsten, 1998) bringen Personen ihre Gefühle nur indirekt zum Ausdruck. Versuchen Sie, das jeweilige Gefühl hinter der Äußerung „herauszuhören". Schätzen Sie die Bedeutung des Gefühls und das angesprochene Bedürfnis dazu ein. Zur Hilfe können Sie die Gefühle-Tabelle oben benutzen.

Szene	Gefühl	Bedeutung des Gefühls	Angesprochenes Bedürfnis
Herr Ypsilon zu seiner Frau: „Du hast schon wieder vergessen, den Anzug aus der Reinigung zu holen!"	*Ärger*	*Meine Angelegenheiten sind ihr nicht wichtig und dagegen muss ich mich wehren.*	*Ich möchte spüren, dass sie Dinge, die mir wichtig sind, nicht als Nebensachen behandelt.*
Daniela zu Karl: „Warum redest du nicht über deine Gefühle? Das ist mal wieder typisch Mann. Jedes Wort muss man dir aus der Nase ziehen!"			
Karl zu Daniela (darauf hin): „Schon klar. Natürlich, ich mach ja immer alles falsch."			
Daniela zu Karl: „Ist dir eigentlich klar, dass du mich mit deiner lieblosen Bemerkung vorhin sehr verletzt hast?"			
Herr Enno zu seiner Frau: „Was erzählst du denn da schon wieder für einen Blödsinn - das stimmt doch überhaupt nicht. Sag mal, spinnst du			
Herr Ypsilon zu seiner Frau: „Was hast du mir da angetan! Auf einen anderen Mann hast du dich eingelassen! Du meinst wohl auch noch, ich soll			

Karl zu Daniela: „Immer machst du mir Vorwürfe. Kehr doch erst mal vor deiner eigenen Tür!"			
Daniela zu Karl: „Du immer mit deinem blöden Skifahren. Du hast wohl nichts anderes im Kopf!"			
Karl (darauf hin) zu Daniela: „Schon gut, dann sag ich eben nichts mehr."			

Der schnellste Weg zur Klärung

Wir haben gesehen, dass Anlass (A), Bewertung (B) und emotionale Reaktion (C) die drei Komponenten sind, aus denen Beziehungskonflikte entstehen. Das ist immer so, auch dann, wenn der Anlass in einem unannehmbaren Verhalten besteht. Herr Ypsilon zum Beispiel kann die gesunde Ansicht vertreten, dass die Affäre seiner Frau eine Grenzüberschreitung ist, die er nicht akzeptiert. Man könnte meinen, dass ein Anlass wie dieser allein schon ausreicht, um einen sehr großen Beziehungskonflikt herbeizuführen, aber das stimmt nicht. Die Bewertung könnte durchaus auch anders aussehen. Er könnte etwa finden, dass man sich das immer wieder mal erlauben kann und für sich dasselbe Recht in Anspruch nehmen. Dann gäbe es keinen Konflikt. Die Bewertung entscheidet darüber, was aus einem Anlass wird.

Daraus ergibt sich der logische Rückschluss, dass sich Konflikte auf der Beziehungsebene am besten klären lassen, wenn sich die Partner über ihre ABCs informieren und ihre Bewertungen einer Realitätsprüfung unterziehen. Die meisten emotionalen Verstimmungen und Streitigkeiten in der Partnerschaft entstehen nämlich aus unzutreffenden Bewertungen eines Verhaltens der anderen Person. Die Realität zu überprüfen heißt dann, sich genau anzuschauen, ob die Bewertung dem entspricht, was sie mit ihrem Verhalten zum Ausdruck bringen wollte.

Wie gesagt, es gibt natürlich auch unakzeptable Anlässe. Genauso kann es auch sein, dass die Bewertung, dass mir mein Gegenüber willentlich ein übles Unrecht antut, zutrifft. Zum Beispiel könnte Frau Ypsilon ihrem Mann auf seine Information hin, dass er ihrer Affäre (A) wegen außerordentlich schockiert und wütend ist (C), weil es sich um einen unakzeptablen Vertrauensbruch handelt (B), eine Antwort wie diese entgegenschleudern: „Du bist doch überhaupt kein Vertrauen wert!" Immerhin wüsste Herr Ypsilon jetzt, dass ihr Verhalten tatsächlich zu seiner Bewertung passt. Das Vertrauen ist zerstört. Er weiß jetzt, woran er ist. Trotzdem stellt sich ihm sofort die nächste Frage, wie er jetzt dieses neue „A" bewerten will. Will er konstruktiv um die Heilung des Beziehungsbruchs bemüht sein oder sieht er sich seinerseits nun dazu berechtigt, ihr Gleiches mit Gleichem zu vergelten? „Wenn Du so über mich denkst, dann kannst du mir für immer gestohlen bleiben..."

Bewertungsprobleme dieser Art sind aber die Ausnahme. Wie gesagt: die allermeisten Beziehungskonflikte resultieren ganz einfach aus Missverständnissen. Wir können dem gegensteuern, indem wir unser eigenes emotionales Problem im Spiegel betrachten, statt das Gegenüber zu beschuldigen und anzugreifen. Dann schaffen wir uns den Abstand, um auch über unsere Bewertung nachzudenken: Ist es wirklich so oder übertreibe ich womöglich ziemlich? Hat sie es wohl wirklich so gemeint, wie ich fantasiere? Passt das denn zu ihr? Aber vollständige Klarheit kann ich erst erreichen, wenn sie mir das selber sagt. Außerdem muss sie sich mich seit dem Vorfall mit meiner Verstimmung aushalten, und weil ich ihr bis jetzt nur Vorwürfe gemacht habe, kann sie nur raten, was mein Problem ist. Also tue ich auch meinem Partner den besten Dienst damit, ihm mein ABC mitzuteilen.

Oft besteht im mutigen Entschluss dazu auch der notwendige erste Schritt zur Deeskalation, wenn sich der Konflikt schon aufgeschaukelt hat. Das heißt: Mein Problemreaktion hat eine Vorgeschichte in ihrer Problemreaktion und wer weiß, was dem schon vorausgegangen ist. Das könnte auch bei den Ypsilons der Fall sein. Wie kommt sie zu dem vernichtenden Urteil über ihren Mann? Hat er ihr Vertrauen womöglich selbst immer wieder schwer enttäuscht, bis bei ihr der Faden gerissen ist, als sie diesem andern Mann begegnete? Danach ernsthaft zu fragen könnte ein Weg zu Verständigung und Versöhnung sein. Oder nehmen wir das alltäglichere Beispiel von Daniela und Karl: Immer wieder hat sie ihn überheblich behandelt und er hat nichts dazu gesagt, weil er keinen Streit anfangen wollte. Dann muss nur noch eine

Kleinigkeit dazukommen, um das Fass zum Überlaufen zu bringen. In diesem Moment mag Karl tatsächlich ein richtig unfaires Verhalten an den Tag legen; Daniela bewertet es zu Recht dementsprechend und ärgert sich. Das ist häufig so. Dann können sich die beiden nichts Besseres tun als sich *gegenseitig* ihr ABC sagen, nacheinander, ganz systematisch, konsequent friedlich („gewaltfrei" kann man auch sagen, vgl. Rosenberg, 2005), ohne Abschweifungen.

Besonders dann, wenn beide gleichzeitig gekränkt sind, erfordert diese einfache und hoch effektive Methode viel Selbstbeherrschung, um nicht wieder in den Angriffsmodus zu kommen. Aber ohne Disziplin geht es nun einmal nicht.

In der folgenden Tabelle sind die 5 Schritte zur Konfliktklärung auf diese Weise zusammengefasst. Wenn Sie sich darauf einlassen und das konsequent einüben, wird das ihre Partnerschaft sehr bereichern, stärken und entlasten (vgl. ausführlich dazu Willberg, 2019).

Ich kläre mit dir zusammen mein ABC

Schritt	Inhalt	Beispiel
1.	Ankündigung	„Ich habe ein Problem: ..."
2.	Unangenehmes Gefühl (C)	„Ich ärgere mich darüber, ..."
3.	Auslöser (A)	„dass du zu spät gekommen bist, ..."
4.	Bewertung (B)	„weil ich fantasiere, dass ich nicht wichtig für dich bin."
5.	Realitätsüberprüfung	„Wie ist das aus deiner Sicht?"

Es ist ratsam, nicht gleich mit dem unangenehmen Gefühl (C) zu beginnen, obwohl es der Sache nach korrekt wäre. Aber es geht eben nicht nur um die Sache, sondern vor allem um den andern, der es irgendwie verkraften muss, wenn Sie ihm zum Beispiel mitteilen, dass Sie sich ärgern. Niemand hört das gern und oft besteht die spontane Reaktion in Abwehr und Gegenangriff. Warum sollten Sie es dem Partner unnötig schwer machen, Sie zu verstehen? Darum empfiehlt es sich, mit der Information über das unangenehme Gefühl und sein Zustandekommen nicht schonungslos zu konfrontieren, sondern sie gewissermaßen etwas einzupacken, damit es dem Gegenüber einigermaßen leicht fällt, sie anzunehmen. Oder mit einem anderen Bild: „Nicht mit der Tür ins Haus zu fallen", sondern erst mal anzuklopfen: „Ich habe ein Problem. Kannst Du Dir bitte etwas Zeit nehmen, damit wir es klären können?"

Wenn Sie nun das unangenehme Gefühl äußern, dann achten Sie bitte darauf, es möglichst präzise zu tun. Je besser Ihnen das gelingt, desto besser kann Sie Ihr Gegenüber verstehen und Ihnen helfen, wieder zurechtzukommen. Viele tun sich darin anfangs sehr schwer. Eine Hilfe, sich dieses Gefühls überhaupt bewusst zu werden, kann die Wahrnehmung der damit verbundenen Körperreaktion sein: Wie fühlt es sich *an*? „Ich spüre, dass mein Blutdruck enorm hoch gegangen ist", mag Herr Ypsilon bemerken, „mein Herz klopft und ich zittere", als er feststellt, dass sein Anzug noch nicht zurück ist, den er doch jetzt gerade so dringend bräuchte. Von dieser Feststellung fehlt nur noch ein kleiner Schritt zur Erkenntnis „Ich bin wütend". Es ist ganz normal, dass wir selbst bei starken Gefühlen immer wieder eine Zeit lang brauchen, bis sie uns bewusst werden.

Achten Sie auch darauf, das Problemgefühl (C) nicht mit dem Problemgedanken (B) zu verwechseln. Das geschieht sehr häufig. Viele würden bei Schritt 2 in unserem Beispiel sagen: „Ich habe das Gefühl, dass ich dir nicht wichtig bin." „Ich bin dir nicht wichtig" ist aber kein Gefühl, sondern der Gedanke, durch den das Gefühl *entsteht*. Durch diese Verwechslung kann es geschehen, dass dem Gegenüber (und vielleicht auch Ihnen selbst) eine ganz wichtige Information entgeht: Dass Sie sich ärgern! Und das könnte die Ursache eines neuen Missverständnisses sein: „Was, du hast dich darüber *geärgert*, dass ich zu spät kam? Das hat sich gar nicht so angehört. Jedenfalls hast du es mir nicht gesagt. Ich hatte den Eindruck, dass du nur ein bisschen enttäuscht warst."

Besonders wichtig ist Schritt 5, die Realitätsüberprüfung. Wenn Sie zuvor sorgsam genug darauf geachtet haben, Anlass und Bewertung auseinanderzuhalten, müssen sie den Anlass jetzt nicht mehr thematisieren. Ebensowenig bringt es, sich bei der emotionalen Reaktion aufzuhalten, denn sie ging aus der Bewertung hervor (was natürlich nicht heißen soll, die Reaktion zu verharmlosen). Die Klärungsfrage an das Gegenüber lautet also, genau gesagt: „Wie stellt sich meine *Fantasie* aus deiner Sicht dar?"

Immer dann, wenn das Verhalten, auf das wir reagieren, einen wunden Punkt in uns berührt hat, vezerrt sich unsere Wahrnehmung. Wenn sich Daniela zum Beispiel abfällig über Karls Ski-Leidenschaft äußert, klingt das für ihn ganz ähnlich wie die vielen spöttischen Bemerkungen, die er sich als Kind von seiner Mutter anhören musste. Damals glaubte er, seine Mutter würde ihn damit persönlich abwerten. Da sein kindliches Selbstbewusstsein sehr auf die Rückmeldungen seiner Eltern angewiesen war, trafen ihn die Bemerkungen seiner Mutter tief. Und darum reagiert er nun so empfindlich, wenn Daniela es scheinbar genauso macht. „Du lehnst mich völlig ab", denkt er. Aber Daniela meint es nicht so. Ihre spitzen Bemerkungen gibt sie nur von sich, weil sie selbst verletzt ist und weil sie sich leider auch einfach daran gewöhnt hat, so zu reagieren. Durch Karls klare Mitteilung kann sie seine Fantasien korrigieren: „Du, ich habe das überhaupt nicht so gemeint. Ich war nur selbst sauer, weil ich dachte, dass du nicht auf mich eingehst. Nein, es ist gar nicht so, dass ich dich ablehne, im Gegenteil: Ich liebe dich doch." Und sie kann sich selbst dadurch korrigieren, weil sie seine wunden Punkte besser kennen lernt. Sie kann üben, ihre spöttischen Bemerkungen sein zu lassen und stattdessen ihr wahres Bedürfnis auszudrücken, das sie damit kompensiert hat. Auch Karl kann sie darin aktiv unterstützen, indem er in einem zusätzlichen 6. Schritt sein *eigenes* Bedürfnis formuliert: „Ich hätte mir gewünscht, dass du mich direkt über deinen Frust informiert hättest, statt ihn in die spitze Bemerkung zu verkleiden. Außerdem habe ich das Bedürfnis, von dir im Blick auf meine Vorlieben Wertschätzung zu erfahren."

Die andere Seite des unangenehmen Gefühls ist ja, wie wir sahen, immer das frustrierte Bedürfnis. Oft dient es der Klärung und Verständigung, davon ebenfalls klar zu sprechen und dadurch das Modell eines für beide Seiten günstigeren Kommunikationsverhaltens zu erarbeiten: „So hätte ich es mir gewünscht, weil dadurch mein Bedürfnis zum Zug gekommen wäre: ..."

Übung 6

Erinnern Sie sich an zurückliegende konkrete Konfliktszenen in Ihrer Partnerschaft, über deren Verlauf Sie unglücklich waren. Schreiben Sie das „Drehbuch" dieser Szenen neu. Rekonstruieren Sie im Detail, wie Sie den Konflikt bewältigt hätten, wenn Sie sich konsequent an die 5 Schritte der ABC-Klärung gehalten hätten.

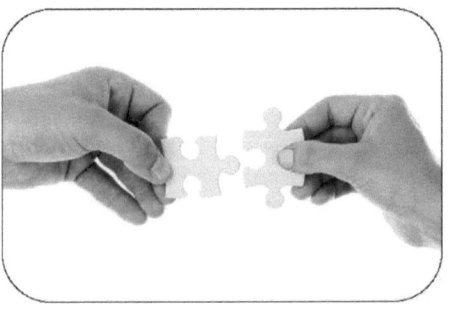

Sachliche Lösungen finden

Für viele Konfliktsituationen im Alltag reicht die ABC-Klärung aus, um sich wieder zu verstehen und zu mögen. Wenden Sie die Methode immer an, wenn andernfalls Sand im Getriebe Ihrer Partnerschaft hängenbleiben würde. Schieben Sie in dieser Hinsicht nichts auf die lange Bank. Achten Sie darauf, dass es nicht knirscht zwischen ihnen. Sonst entsteht allmählich ein Erosionsprozess. Es stimmt nicht mehr zwischen ihnen, es bleibt eine Verstimmung, und wenn sie bei den nächsten Anlässen wieder darüber hinweggehen, wird sich die Verstimmung vergrößern. Unzählige Paare bleiben nur noch zusammen, weil sie verheiratet sind. Es hat sich sehr viel angesammelt, was zwischen ihnen steht und reibt, und es reibt die Beziehungsqualität auf. Sie leben nur noch nebeneinander her. Das muss nicht sein. Sie können dafür sorgen, dass wieder Harmonie zustande kommt, indem Sie sich mit der ABC-Methode wieder neu aufeinander einstimmen.

Oft gibt es aber noch etwas darüber hinaus zu klären. Dass sich Karl und Daniela auf der Beziehungsebene emotional verständigt haben, ist zum Beispiel die notwendige Basis dafür, eine Neuregelung für ihre Urlaubsplanung zu finden. Von der Beziehungsebene können sie jetzt einvernehmlich auf die Sachebene wechseln. Das Problem steht nicht mehr zwischen ihnen - sie haben nicht mehr ein Problem *miteinander*, sondern sie haben miteinander ein *Problem*. Und das ist jetzt kein heißes Eisen mehr, sondern ein lösbares, sachliches Problem.

Wenn Sie auf dem Fundament der Verständnis das Haus der sachlichen Problemlösung errichten, ist zwar schon das meiste für seine Stabilität getan, aber noch nicht alles. Verhindern Sie, dass eien Bruchbude daraus wird. Sorgen Sie darum für unmissverständliche, ganz konkrete Vereinbarungen und beachten Sie dabei, dass Sie beide ehrlich zustimmen können. Oft besteht die Vereinbarung in einem guten Kompromiss.

Wenn es um Vereinbarungen geht, die man nicht ohne Weiteres so im Gedächtnis behält, wie sie einmal getroffen wurden, empfiehlt es sich, das Ergebnis schriftlich festzuhalten. Dadurch vermeiden Sie von vornherein, dass sich wieder neue Missverständnisse einschleichen. Denn trotz besten Willens kann es sonst leicht passieren, dass Ihre Gedächtnisse im Lauf der Zeit unterschiedliche Versionen der Abmachung produzieren.

Die 5 Schritte der Problemlösung

1. Schritt: Problemdefinition

Es muss für Sie beide klar sein, worüber Sie sich eigentlich verständigen wollen. Auch wenn Sie das für banal halten, ist doch Vorsicht geboten: Nicht selten sind Lösungsversuche von vornherein zum Scheitern verurteilt, weil die beiden von unterschiedlichen Themen reden. Karl könnte denken, dass sie „selbstverständlich" erst einmal ganz allgemein über die Urlaubsfrage „an sich" sprechen wollen. Daniela könnte aber „ganz klar" sein, dass es ausschließlich um den nächsten Winterurlaub geht. Und schon tappen sie von einer Missverständnisfalle in die andere. Definieren Sie darum das Problem so genau wie möglich und stellen Sie sicher, dass Sie für die Dauer des Lösungsprozesses das Thema nicht wechseln oder ausweiten werden, sondern dass Sie präzise bei der vereinbarten Sache bleiben. Wenn im Verlauf des Gesprächs andere Themen auftauchen, können sie ja aufgeschrieben und zum Gegenstand weiterer Konfliktlösungsgespräche gemacht werden.

2. Schritt: Verständigung

Nehmen Sie sich genügend Zeit, damit beide Seiten ihre Position in Ruhe darlegen können. Tun Sie das auch dann, wenn Sie eigentlich davon ausgehen können, dass es kein emotionales Verständigungsproblem gibt, das der Sachlösung im Weg stehen würde. Sie könnten sich irren. Gewährleisten Sie durch unbedingte Wertschätzung und aufmerksames Zuhören, dass Ihr Partner auch emotional unangenehme Aspekte ohne Angst vor negativen Reaktionen aussprechen kann. Bringen Sie Ihre eigene Position so zum Ausdruck, dass sie oder er sich nicht dadurch angegriffen oder sonst irgendwie unter Druck gesetzt fühlen muss. Verzichten Sie in dieser Phase erst einmal auf das Bewerten und die Lösungsvorschläge. Beenden Sie diesen Austausch erst, wenn Sie sich beide zufriedenstellend vom anderen akzeptiert und verstanden fühlen.

3. Schritt: Suche nach Lösungen

Führen Sie nun miteinander ein Brainstorming durch: Sammeln Sie alle möglichen Lösungsideen und enthalten Sie sich dabei zunächst immer noch jeder Wertung. Oft liegen die besten Ansätze gerade dort, wo man sie nicht vermuten würde, etwa in zunächst „verrückt" erscheinenden Einfällen. Lassen Sie der Kreativität freien Raum. Ordnen und sichten Sie danach miteinander die gesammelten Ideen. Diskutieren Sie, was am besten passt, und kommen Sie zu einem Ergebnis. Es muss sich nicht um die ideale Lösung handeln, sondern es genügt die beste Variante, die Ihnen miteinander eingefallen ist. Achten Sie darauf, dass der gefundene Weg von Ihnen beiden freiwillig bejaht wird.

4. Schritt: Konkrete Lösungsvereinbarung

Legen Sie fest, worin genau die Lösung besteht, und vereinbaren Sie gegebenenfalls exakt, wer was wann, wie und wo übernimmt, um die Lösung durchzuführen. Bestimmen Sie miteinander die Zeitschiene zur Verwirklichung und notieren Sie das alles.

5. Schritt: Kontrolle

Vereinbaren Sie, wenn es Sinn macht, einen Termin zur Überprüfung der Ergebnisumsetzung. Untersuchen Sie bei dieser Zusammenkunft den Erfolg der Durchführung. Bessern sie nach, was noch fehlt. Beginnen Sie dazu eventuell neu mit dem Verständigungsprozess.

„Nehmen Sie sich genügend Zeit, damit beide Seiten ihre Position in Ruhe darlegen können."

Die beiden Brücken

Für die langfristige Stabilisierung Ihrer Beziehung müssen Sie immer wieder neu zwei Brücken überqueren (Abbildung 14):

‣ Über die *Verständigungsbrücke* eröffnet sich der Weg zu einer wirklich sachlichen, tragfähigen Lösung. Das Problem steht nicht mehr zwischen Ihnen.
‣ Über die *Regelbrücke* gelangen Sie miteinander zu wachsendem Vertrauen.

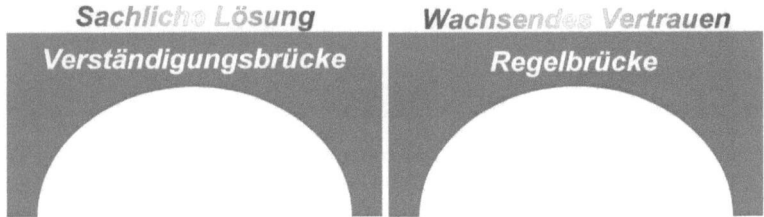

Abbildung 14: Die zwei Brücken

„Was brauchen wir Regeln?" denken viele. „Wir lieben uns doch!" In der Tat können Regeln die Liebe ersetzen, und manchmal ist das auch gut so: Besser klare Regeln ohne Liebe als weder das eine noch das andere! Aber dass die Liebe die Regeln ersetzt, ist ein Mythos. Denn Regeln sind der beste Schutz gegen das Unkraut der Missverständnisse und wenn sich zwei Menschen wirklich lieben, regeln sich garantiert alle wichtigen Angelegenheiten ihrer Beziehung. Woher ich das weiß? Weil der Verzicht darauf lieblos wäre. Ohne Regeln wuchern die unausgesprochenen und enttäuschten Erwartungen. So kommt Sand ins Beziehungsgetriebe.

Klarheit ist die Voraussetzung für Konstruktivität - Klarheit der zwischenmenschlichen Verständigung, aber genauso auch Klarheit der Regelungen: Wofür bin ich zuständig und wofür nicht? Was sind meine Rechten und meine Pflichten?

Gute Regeln, die von allen Beteiligten unterstützt werden, entspannen das Miteinander. Sie fördern die Verlässlichkeit. Keiner muss sich überfordert oder ausgenutzt fühlen. Jeder weiß, woran er ist. Und das sind sehr gute Voraussetzungen für wachsendes Vertrauen.

Der Weg zur sachlichen Lösung auf der Verständigungsbrücke ist die Annäherung der Standpunkte. Es geht nicht darum, dass ein Partner sich dem anderen fügt - es sei denn, er täte es von Herzen gern und freiwillig. Sondern es geht darum, dass wir einander so weit wie möglich entgegen kommen, um beides zu erreichen: Die Wahrung der eigenen Position und eine Schnittfläche der Interessen beider, die so groß ist, dass beide sie gut akzeptieren können.

Nicht alle Regeln müssen buchstäblich formuliert und schriftlich festgehalten sein. Wenn der Wille und die Fähigkeit der beiden, sich gegenseitig zu akzeptieren, hoch entwickelt ist, und wenn wenn sie nachhaltig sehr gut auf der Beziehungsebene kommunizieren, können sich Regelungen auch spielerisch leicht ergeben und in guten ergänzenden Gewohnheiten niederschlagen. Die beiden sind ein eingespieltes Team. Aber das braucht seine Zeit und mitunter auch eine neue Bestandsaufnahme, wenn sich die Umstände ändern. Auf dem Weg des Einübens sparen sie sich viel Stress, wenn sie ein paar gute und wichtige Regeln definieren und sich auch daran halten.

Die Statik der Regelbrücke

Aus der Paarforschung wissen wir, dass zwei Faktoren einen großen Einfluss auf die langfristige Stabilität von Partnerschaften ausüben (Olson, 2000):

▸ Die *Selbstbehauptung,* nämlich die Fähigkeit beider Partner, die eigenen Bedürfnisse wahrzunehmen, ernstzunehmen und offensiv dem anderen gegenüber zu vertreten.
▸ Das *Selbstvertrauen* beider Partner.

Wenn beides stark ausgeprägt ist, scheuen sich die Partner normalerweise nicht davor, Konflikte lösungsorientiert anzugehen, und sie haben beide auch nicht den Eindruck, vom andern dominiert zu werden.

Abbildung 15: Selbstvertrauen und Selbstbehauptung als Voraussetzung tragfähiger Kompromisse.

Je stärker und fester verankert die beiden Sockel auf den beiden Seiten einer Brücke sind, desto leichter lässt sich der Bogen zwischen ihnen spannen. Je stabiler die jeweils eigene Position der Partner ist, desto weiter können sie sich aufeinander zu bewegen. Je sicherer ich mir meines eigenen Standpunkts bin, desto kompromissbereiter kann ich sein. Ich kann mich weit hinauslehnen, ohne dabei den Halt zu verlieren; ich bleibe doch immer noch bei mir selbst (Abbildung 15).

Wenn es bei der Lösung des Problems einen Gewinner und einen Verlierer gibt, ist der Kompromiss faul. Die Gretchenfrage an beide Partner lautet: *Kann ich diese Lösung tatsächlich von Herzen gern unterschreiben?* Oder denke ich insgeheim dabei doch, dass ich den Kürzeren ziehe? Ein guter Kompromiss bedeutet: Beide Partner können der Entscheidung so zustimmen, dass sie nicht das Gefühl dabei haben, eigentlich doch benachteiligt zu sein. Tragfähige zwischenmenschliche Problemlösungen berücksichtigen die Bedürfnisse der Beteiligten gleichermaßen!

„Je sicherer ich mir meines eigenen Standpunkts bin, desto kompromissbereiter kann ich sein."

Fallbeispiel 04/9: Es geht voran

Daniela und Karl haben sich auf nicht-aggressive Weise ihre Gefühle und Bedürfnisse zum Thema „Urlaub" mitgeteilt. Sie haben sich die Mühe gemacht, sich einander verständlich zu machen und zu verstehen. Das haben sie auf eine respektvolle Weise getan. Darum *fühlen* sie sich beide nun auch voneinander verstanden und akzeptiert. Sie fühlen sich beide voneinander ermutigt, ihre eigene Position zu behaupten. Das tut ihrem Selbstvertrauen gut. Darum wagen sie sich auf neues Terrain: Früher hatte Daniela die Urlaubsplanung übernommen, weil die Versuche, zu gemeinsamen Lösungen zu kommen, sehr schnell im Streit endeten. Karl hatte sich gefügt. Zum ersten Mal gehen sie nun wirklich gemeinsam an ihre Urlaubsplanung. Sie finden eine Lösung, mit der sie beide sehr zufrieden sind. Beide machen Abstriche von ihren ursprünglichen Vorstellungen, aber sie haben beide dabei nicht den Eindruck, zu kurz zu kommen. Vor allem freuen sie sich aber darüber, dass sie einen *gemeinsamen* Weg gefunden haben. Sie haben sich bewiesen, dass sie dazu in der Lage sind. Das ermutigt sie sehr, nun auch die zweite Stufe ihrer Problemhierarchie anzugehen.

Und so geht es weiter: Daniela und Karl arbeiten sich ihre ganze Problemtreppe hinauf. Dabei lernen sie immer besser, verständigungsorientiert miteinander zu reden. Dadurch steigt auch ihre Achtung voreinander und ihre Liebe füreinander wieder. Sie sind nicht mehr Opfer ihrer Teufelskreise. Sie erleben, dass sie es selbst in der Hand haben, ihre Beziehung positiv zu gestalten. Das hat wiederum eine sehr positive Rückwirkung auf ihr Selbstwertgefühl. Besonders eindrücklich ist die Wandlung bei Karl, dessen Selbstvertrauen zu Beginn der Beratung ziemlich im Keller war. Er blüht auf, weil er nicht nur erlebt, dass er selbst sozialkompetent Beziehungskonflikte angehen und lösen kann, sondern weil er auch in viel stärkerem Maß als zuvor anerkennende, ermutigende und dankbare Rückmeldungen von Daniela erhält. Die beiden beschließen die Beratung, indem sie noch einmal den Prepare-Enrich-Test durchführen. Die Werte haben sich deutlich zum Positiven hin verschoben. „Sie sind jetzt auf dem Level 'Vitales Paar',", erklärt die Beraterin. „Besser geht es nicht. Ich gratuliere Ihnen zum Erfolg! Sie haben hervorragend gearbeitet."

Auch Sie können das schaffen. Sie müssen nur beide konsequent umsetzen, was Sie bis hierher in diesem Buch gelesen haben. Wenn es Ihnen nicht gelingen sollte, liegt es an mindestens einem von drei möglichen Fehlern:

▸ Sie haben nicht regelmäßig das verständigungsorientierte Gespräch geübt. Nur Übung macht den Meister!
▸ Sie haben zwar geübt, aber sie haben sich dabei nicht sorgfältig genug an die hier beschriebenen Regeln der verständigungsorientierten Kommunikation gehalten.
▸ Sie haben aufgegeben.

Sie müssen diese Fehler nicht machen. Die Erfahrung zeigt aber, dass es sehr schwer sein kann, die nötige Disziplin aufzubringen, vor allem dann, wenn die Enttäuschung aneinander groß geworden ist und es auch sonst noch eine Menge Stress gibt - leider kommt nicht selten beides zusammen.

Darum möchte ich Ihnen abschließend noch diese Empfehlung geben: Versuchen Sie es im Selbstmanagement, wenn Sie es sich zutrauen. Aber wenn es zu schwer wird, dann warten Sie nicht lang. Gönnen Sie sich eine Paarberatung. Auch wenn das Geld kostet. Wenn Sand im Getriebe ihres Autos ist, bringen Sie es natürlich in die Werkstatt, und Sie sind bereit, den Preis zu zahlen, den die Reparatur nun einmal kostet. Und was tun Sie gegen den Sand im Getriebe Ihre Ehe? Sie ist viel mehr wert als ihr Auto.

„Tragfähige zwischenmenschliche Problemlösungen berücksichtigen die Bedürfnisse der Beteiligten gleichermaßen."

Die Belohnungsstrategie

Es ist unbequem, immer wieder neu sehr sorgfältig zu klären, was zwischen uns steht, wenn wieder ein emotionales Problem aufgetreten ist. Je ehrlicher wir miteinander umgehen, desto offener teilen wir einander mit, wenn wieder ein wunder Punkt in uns berührt ist und wir der Partnerin oder dem Partner gegenüber auf Distanz gehen. Das kann viel Zeit, Kraft und Geduld benötigen - das kann mitunter harte Arbeit werden. Wir sind versucht, es nicht mehr so genau zu nehmen mit den paar Sandkörnchen da im Getriebe unseres Miteinanders. Aber es ist eben anders als mit der Staubschicht oben auf dem Schrank: Da reicht der Frühjahrsputz, aber hier fängt es allzu bald zu knirschen an; durch die Unachtsamkeit entsteht ein neuer Teufelskreis oder ein alter setzt sich wieder durch. Es ist nicht egal, ob wir in der Paarbeziehung über Verletzungen hinweggehen oder nicht. Es ist überhaupt nicht egal.

Aber das Konflikte-Klären darf nicht das Leben dominieren. Es rächt sich immer irgendwann, wenn wir zu sehr auf Probleme fixiert sind und zu wenig auf das, was uns ermutigt und freut. Die Frische geht verloren, die Motivation sackt weg. Schon wieder Klären?! Oh nein, nicht schon wieder. Da wird sie uns anrüchig, die Klärungsangelegenheit, einen miefigen Kläranlagengeruch bekommt sie dann, und das, was eigentlich die Luft bereinigen sollte, verkehrt sich ins Gegenteil. Von einem Konflikt schleppen wir uns zum nächsten, wir schuften schwer und haben nichts davon.

Das soll nicht sein. Dagegen gibt es ein simples, aber hochpotentes Mittel: *Die Belohnungsstrategie.* Wer konsequent verständigungsorientiert kommuniziert, wer sich immer wieder aufrafft, den schwierigeren und verletzlicheren friedlichen Weg statt des bequemen der Aggression und Resignation zu beschreiten, der hat es wirklich verdient, das gebührlich zu feiern. Und wenn gleich zwei Leute miteinander die Disziplin aufbringen, dann erst recht. Darum beherzigen Sie bitte unbedingt meine letzten Tipps in diesem Buch:

▸ Wenn Sie einen Konflikt geklärt haben, dann haken Sie es nicht einfach ab, sondern bringen Sie dem Gegenüber und sich selbst die gebührende Anerkennung dafür zum Ausdruck! Etwa so: „Ich finde, das haben wir wirklich gut gemacht. Wir können stolz darauf sein, wie wir mit Konflikten umgehen."

▸ Tun sie noch mehr. Zum Beispiel so: Sie stellen eine Schachtel mit Karteikärtchen bereit. Nach jedem erfolgreich geklärten Konflikt darf einer von ihnen ein Kärtchen ziehen. Auf jedem dieser Kärtchen steht ein erfüllbarer Wunsch: Eine gemeinsame Aktivität, die sich einer von ihnen beiden wünscht. Immer, wenn Ihnen so etwas einfällt, dürfen Sie beide den Wunsch auf ein neues Kärtchen schreiben und es in die Schachtel legen.

▸ Ziehen Sie die Kärtchen jeweils gleich nach der Klärung. Wenn Sie zu lang warten, wird es ihnen schwer fallen, den unmittelbaren Zusammenhang noch wahrzunehmen. Der Belohnungseffekt reduziert sich dadurch.

▸ Planen Sie die Umsetzung der Kärtchenwünsche ebenfalls so bald wie möglich - und ganz konkret!

Jetzt können Sie sich beim nächsten Konflikt nicht nur sagen: „Wir werden es schaffen, ihn konstruktiv zu lösen", sondern auch: „Wir werden etwas davon haben. Es wartet eine Belohnung auf uns."

So sind wir Menschen nun einmal: Motivation und Lernerfolg hängen ganz wesentlich von den Belohnungserfahrungen ab, die wir damit verbinden. Und es lohnt sich doppelt, wenn die Belohnung in gemeinsamen schönen Erlebnissen besteht: Diese kleineren und größeren Highlights bringen Farbe in den grauen Alltag; sie bewahren vor zermürbendem Stress und Langeweile und werden zum Erinnerungsschatz, der Sie immer tiefer verbindet.

Das mit den Kärtchen ist nur eine Idee. Denken Sie sich gern etwas anderes aus, was besser für Sie passt. Wahrscheinlich erübrigt sich die Maßnahme irgendwann, weil die Überzeugung sich in Ihnen beiden festgesetzt hat, dass die größte Belohnung darin liegt, ganz einfach füreinander da zu sein, nicht nach vorübergehenden Hilfsregeln, sondern nach der *goldenen* Regel, und miteinander nicht nur die Probleme des Lebens durchzustehen, sondern vor allem auch viel Schönes miteinander zu genießen.

„Es rächt sich irgendwann, wenn wir zu sehr auf Probleme fixiert sind und zu wenig auf das, was uns ermutigt und freut."

Literaturangaben

Beck, A.T. (1989). *Love Is Never Enough: How couples can overcome misunderstandings, resolve conflicts, and solve relationship problems through cognitive therapy.* New York: Harper Perennial.

Bodenmann, G. (2004). *Stress in der Partnerschaft: Gemeinsam den Alltag bewältigen.* 3., korr. Aufl. Bern, Göttingen, Toronto et al.: Hans Huber.

Hinsch, R., Pfingsten, U. (1998). *Gruppentraining sozialer Kompetenzen (GSK): Grundlagen, Durchführung, Materialien.* 3. überarb. Aufl. Weinheim: Psychologie Verlags Union.

Hinsch, R., Wittmann, S. (2003). *Soziale Kompetenz kann man lernen.* Basel, Berlin: Beltz.

Laing, R.D. (1990). *Knoten.* Deutsch v. H. Elbrecht. Reinbek: Rowohlt.

Lazarus, A. (1997). *Fallstricke der Liebe: Vierundzwanzig Irrtümer über das Leben zu zweit.* Aus d. Amerik. v. S. Behrens. 8. Aufl. Stuttgart: Klett-Cotta.

Lazarus, R.S. (1999). *Stress and Emotion: A New Synthesis.* London: Free Association Books.

Olson, D.H. (2000). *Handbuch für Berater: Prepare, Prepare MK, Enrich.* Deutsche Übersetzung u. Bearbeitung: C. u. A. Bochmann. Neuenhagen.

Rosenberg, M.B. (2005). *Gewaltfreie Kommunikation: Eine Sprache des Lebens. Gestalten Sie Ihr Leben, Ihre Beziehungen und Ihre Welt in Übereinstimmung mit Ihren Werten.* 6. überarb. u. erw. Aufl. Mit Vorworten v. A. Gandhi u. V.F. Birkenbihl. Aus d. Amerik. v. I. Holler. Paderborn, Junfermann.

Schindler, L, Hahlweg, K., Revenstorf, D. (1999). *Partnerschaftsprobleme: Diagnose und Therapie. Therapiemanual.* 2., akt., vollst. überarb. Aufl. Berlin, Heidelberg, New York: Springer.

Willberg, H.A. (2007). *Das ABC der positiven Lebenseinstellung: Endlich Schluss mit finsteren Gedanken!* Witten: R. Brockhaus.

Willberg, H.A. (2019). *Achtsamkeitsbasierte Kognitive Seelsorge und Therapie: Das integrative Praxishandbuch zu Achtsamkeit, Rational-Emotiver Verhaltenstherapie und Spiritualität.* Berlin, Heidelberg: Springer.

Hat Sie das Buch inspiriert, noch mehr über
Sozialkompetenz und Kommunikation zu erfahren?

Living Water bietet dazu zwei Seminare
für Ihre Gemeinde, Institution oder Firma an.

Beziehungsweise -
alles eine Frage der Symphathie?

Zu den Inhalten gehören u.a. die drei Situationstypen
der Sozialkompetenz und deren Umgang

Ich sage A und Du meinst B -
Verständnisorientierte Gesprächsführung

Zu den Inhalten gehören u.a. die vier Ebenen einer
Botschaft und effektiv Gespräche führen

Weitere Informationen finden Sie unter

www.livingwater-seelsorge.de

**Living Water - ganzheitliche Seelsorge
Pertra Beck und Wolfgang Beck GbR**

Ihr Partner für Schulung und Beratung
zu Sozialkompetenz und Kommunikation!

M/TRAINING

AKADEMIE FÜR PERSONAL- UND ORGANISATIONSENTWICKLUNG

M/TRAINING
Akademie für Personal- und Organisationsentwicklung

Projektmanagement und Persönlichkeitsentfaltung,
erlebnisorientiert und praxisnah

Ausbilderausbildung (TTT), Coaching, Führungskräftetraining,
Gesprächsführung, Plan der Planung, Projektsteuerung,
Resilienz, Rollenverständnis, Veränderung

schauen Sie mal vorbei unter:

Erik Lehmann
freier Architekt,
Coach,
IPMA Level B

Industriestr. 21
71560 Sulzbach a.d.M.

Tel.: +49 7193 2132233

Mail: info@m-training.eu

Von 2025 an ist das bisherige Institut für Seelsorge-Ausbildung (ISA) als **Innovative Spirit Academy** (M/ISA) Teil von M/TRAINING.

Hauptinhalt von ISA ist ein neues Ausbildungssegment von M/TRAINING. Angesichts der Entwicklungen im Gesundheits- und Sozialwesen sehen wir einen deutlichen Bedarf an neuen Qualifikationen im ehrenamtlichen, semi-professionellen und professionellen Bereich. Darum bieten wir ab Frühjahr 2025 ein Curriculum zur Ausbildung in einem Tätigkeitsspektrum an, das als Beitrag zur Humanisierung des Gesundheits- und Sozialwesens dringend gebraucht wird. Wir qualifizieren Sie zum

CARE FACILITATOR

Wesentliche Bestandteile der *Achtamkeitsbasierten Kognitiven Seelsorge und Therapie* (AKST), die überweigend den bisherigen Inhalt des ISA-Curriculums gebildet hat, gehen in die neue Ausbildung ein. Hinzu kommen Schwerpunkte in Selbsterfahrung und in der praxisorientierten Schulung für den Umgang mit Ressourcen und Problemen im Gesundheits- und Sozialwesen.

Gern informieren wir Sie fortlaufend über alle Einzelheiten des Programms. Schicken Sie uns eine formlose Aufforderung dazu an

info@m-training.eu

und wir nehmen Sie in den Verteiler der Interessenten auf. Von Frühjahr 2025 an gibt auch eine vollständig erneuerte Version der Website

www.isa-institut.de